국어보다
중요한 공부는
없습니다

입시까지 흔들리지 않는
국어 실력의 비밀

국어보다 중요한 공부는 없습니다

이예린 지음

시작하며

초등 국어교과서, 아이의 평생 실력을 만든다

　읽고 생각하는 아이들이 점점 사라지고 있습니다. 길어야 15초 남짓한 숏폼 영상에 익숙해진 아이들은 한 문단조차 끝까지 집중해 읽기를 어려워합니다. 책 한 권을 온전히 읽어내는 건 더 이상 당연한 일이 아니게 되었고요. 이보다 더 큰 문제는 아이들이 글을 비판적으로 읽고 스스로 생각하는 과정을 점점 '포기'하고 있다는 사실입니다. 모르는 것이 생기면 곧장 검색창에 답을 묻고, 조금만 복잡한 정보가 나오면 '1분 요약 영상'을 찾아 헤맵니다. 깊이 있는 고민은 외면한 채, 어차피 생성형 AI가 대신 만들어준다는 안일한 생각에 의존하는 경우도 늘고 있습니다.

　AI 시대일수록 더욱 빛을 발하는 힘이 있습니다. 바로 사람만이 가질 수 있는 '창의적 사고력'입니다. 글 속에 숨은 맥락을 읽어내고, 서로 다른 정보를 연결해 새로운 아이디어를 만들어내며, 자신의 시선으로 세상을 해석하는 능력 말입니다. 그 소중한 무기를 우리 아이들이 조금씩 잃어가고 있습니다. 이 책은 이러한 고민에서 출발했습니다.

저는 사교육과 공교육을 두루 경험한 국어 교사입니다. 20년 전, 강남 사교육 현장에서 만난 최상위권 초등학생들은 고난도 수학 문제집을 척척 풀고 영어 원서도 술술 읽는 뛰어난 학생들이었습니다. 그런데 이 아이들의 부모님들은 제게 "선생님, 우리 아이 국어교과서 과외만 따로 부탁드려도 될까요?"라고 요청하습니다. 처음엔 의외였어요. 이미 그렇게 뛰어난 아이라면 국어교과서 정도는 혼자서도 충분히 읽을 수 있을 거란 생각을 했었거든요. 하지만 석사 논문 준비로 학원 강사를 그만둔 뒤에도 학부모님들의 이런 요청은 계속 이어졌습니다. 그때부터 '분명 뭔가 이유가 있구나'라는 생각이 들어 초등 국어교과서에 본격적으로 주목하기 시작했습니다.

그 답은 공교육 현장에 와서야 찾을 수 있었습니다. 자사고, 미술고, 일반고 등 다양한 교육 환경에서 수천 명에게 국어를 가르치며 국어 1등급을 놓치지 않는 학생들의 공통점을 발견했어요. 바로 초등학생 때부터 형성해 온 '국어교과서를 제대로 읽는 습관'이었습니다. 가장 기본 교재인 교과서를 깊이 있게 읽어내는 습관이야말로 진짜 국어 실력의 뿌리였던 것이죠. 20년 전 최상위권 학생들의 부모님들 또한 국어교과서 제대로 읽기의 중요성을 일찌감치 알고 계셨고, 아는 데 그치지 않고 아이와 함께 실천하셨던 겁니다.

고등학교 국어 교사인 제가 초등학교 국어교과서를 강조하는 이유는 분명합니다. 저는 지금도 교실에서 초등학생들의 10년 후의 모습을 매일 마주하고 있기 때문입니다. 초등 시절의 작은 습관 하나가 입시라는 중요한 순간에 어떤 결과를 만들어내는지, 그 차이가 어디에서 비롯되었는지를 추적할 수 있는 위치에 있기 때문입니다.

문해력 저하가 사회적 이슈로 대두되고 있지만 독서를 많이 하라는 막연한 조언만 넘쳐날 뿐, 정작 구체적이고 실현 가능한 해결책은 찾아보기 어렵습니다. 사교육에만 의존하자니 부담스럽고, 그렇다고 방치하자니 불안합니다. 무엇보다 어떻게 지도하고 이끌어야 할지 구체적인 방법을 모르는 것이 가장 어렵습니다. 바쁜 현대사회에서 부모님들의 고민은 깊어질 수밖에 없습니다. 앞으로 우리 아이의 문해력 문제를 어떻게 해결해야 할까요?

"입시의 성패는 결국 국어에서 갈리며
그 국어의 뿌리는 바로 초등학교 국어교과서에 있다."

방법은 바로 초등 국어교과서에 있습니다. 핵심은 교과서를 무작정 많이 읽는 게 아니라 '무엇을 중심으로 어떻게 읽을 것인가'를 아는 것입니다. 방법만 정확히 알면 충분히 아이를 도와줄 수 있어요. 하루 15분 투자로 가정에서도 아이의 국어 실력을 탄탄히 쌓아나갈 수 있는 구체적이고 현실적인 방법을 체계화해 '국어교과서 ROAD 맵'이라는 이름으로 모두 이 책에 꾹꾹 눌러 담았습니다.

초등 6년은 다시 오지 않을 소중한 골든타임입니다. 이 시기에는 아직 배우는 과목 수가 적어서 국어 실력 키우기에 온전히 집중할 수 있고, 아이도 비교적 부담 없이 공부 습관을 만들 수 있기 때문이에요. 특히 부모가 아이를 직접 도와줄 수 있는 마지막 기회이기도 합니다. 중학교에 올라가면 갑자기 늘어나는 과목들과 학업량에 치여 국어 기초를 다질 시간적 여유가 점차 사라집니다. 고등학교는 말할 것도 없고요.

국어 실력은 올바른 방법으로 꾸준히 연습하면 반드시 향상될 수 있습니다. 늦지 않았습니다. 지금부터 시작하면 됩니다. 이 책은 가정의 상황과 아이의 성향에 맞게 언제든 활용할 수 있도록 구성했습니다. 초등 고학년은 물론, 교과서 공부를 제대로 해본 적 없는 중학생 및 고등학생도 스스로 익히고 활용할 수 있도록 쉽게 풀어 썼습니다. 꼭 많은 시간과 비용을 들이지 않더라도, 매일 또는 일주일에 몇 번의 실천으로도 아이의 국어 학습 기반은 충분히 단단해질 수 있어요.

국어는 아이의 평생 학업뿐만 아니라 삶의 기반이 됩니다. 아이와 부모가 함께 만들어가는 이 시간이 국어 실력 향상을 넘어 성취감과 뿌듯함을 함께 나누는 소중한 시간이 되기를 바랍니다.

2025년 가을
이예린

국어교과서 ROAD 맵을 실천한
최상위권 학생들의 추천사

이예린 선생님의 수업에서 처음으로 교과서를 자세히 읽는 방법을 배웠습니다. 시험에 나올 부분만 짚는 시간이 아니라, 문장 한 줄, 단어 하나에도 어떤 의미가 담겨 있는지 함께 고민하는 시간이었습니다. 수행평가로 내주신 작품을 비평할 때도 수동적인 독자에서 벗어나 능동적으로 바라보는 자신감을 얻도록 해주셨습니다. 초등학교 시절부터 박사과정에 이른 지금까지, 국어 실력은 제 삶의 모든 일상과 사회생활의 근본이 되어왔는데요. 이 책을 통해 많은 학생이 자기 삶의 중심을 세울 수 있는 국어 실력을 키워나가길 바랍니다.

— 김규리 (서울대 행정대학원 정책학 박사과정)

국어는 정답이 명확히 나오지 않아 다른 과목보다 난해하다고 느낄 수 있습니다. 하지만 이예린 선생님의 말씀처럼 초등 시절부터 교과서를 충실히 공부하고 생각하는 연습을 이어간다면 논리적으로 사고하고 스스로 해결하는 힘을 기를 수 있습니다. 선생님께서는 언제나 학생들의 눈높이에 맞춰 가르쳐주셨고, 아무리 질문을 많이 드려도 끝까지 알기 쉽게 설명해 주셔서 큰 도움을 얻었습니다. 이 책을 통해 더 많은 학생과 학부모님이 그 가르침과 노하우를 만나보시길 바랍니다.

— 김경수 (서강대 기계공학 학사)

국어는 늘 제게 어려운 과목이었습니다. 특히 시를 읽을 때 제가 느낀 점과 정답이 다르면 받아들이기 힘들었습니다. 치열한 내신 경쟁 속에서는 암기로 대응하며 회의감을 느낀 적도 있었습니다. 나중에 비로소 "교과서를 제대로 읽으면 국어가 훨씬 쉬워진다"라는 선생님의 말씀이 이해되었습니다. 이예린 선생님의 오랜 노하우가 응축된 이 책을 바이블 삼아, 많은 학생이 쉽고 재밌게 국어를 배울 수 있기를 바랍니다.

— 김수민 (이화여대 의학 학사)

초등 시절, 도서관에서 책을 읽으며 상상력을 키웠던 경험은 제 국어 공부의 큰 자산이 되었습니다. 국어는 결코 저절로 잘하게 되는 과목이 아닙니다. 어떻게 읽고, 어떻게 생각하고, 어떻게 표현해야 하는지를 배워야 실력이 자랍니다. 문제집을 많이 푸는 것보다 교과서를 깊이 읽고 스스로 질문하며 생각하는 습관을 들이는 것이 훨씬 값진 공부입니다. 이 책은 국어를 통해 세상을 이해하고 자기 생각을 표현할 수 있는 길을 보여주는 든든한 안내서가 될 것입니다.

— 김예지 (동국대 한의학 학사)

하나고등학교에 입학해 이예린 선생님의 수업을 들으며 처음으로 국어에 흥미를 느꼈습니다. 글의 흐름을 따라가며 글쓴이의 뜻을 파악하는 방법을 배우니 딱딱하게만 보이던 교과서 글도 점점 흥미롭게 다가왔습니다. 언제나 제자들에게 사랑과 관심을 아끼지 않으신 선생님께서 부모와 학생 모두에게 도움이 될 책을 내주신다니 기쁘고 감사한 마음입니다. 선생님의 가르침과 사랑 덕분에 제가 잘 성장할 수 있었듯이, 이 책을 통해 더 많은 아이들이 사고를 넓혀 삶의 주인이 되길 기대합니다.

— 김윤수 (고려대 의학 학사)

이예린 선생님은 교과서 한 작품을 넘어서 다른 글과 학습 목표에도 적용할 수 있는 안목을 길러주셨습니다. 학생 혼자서는 어려운 과정을 이끌어주신 덕분에 '공부란 이렇게 하는 것이구나' 하고 깨닫는 성장의 계기가 되었습니다. 요즘 학생들의 문해력과 사고력의 약화는 큰 문제라고 생각합니다. 그러나 초등학생 때부터 제대로 읽는 습관을 들이면 자연스레 실력을 키울 수 있습니다. 문해력이 더욱 소중해진 지금 시기에, 이 책은 아이들에게 든든한 디딤돌이 될 것입니다.

— 김진섭 (서울대 산업공학 박사과정)

선생님께서는 국어 교과서를 설명하실 때 시청각 자료를 접목해 주셨는데요. 덕분에 복습할 때 교과서를 읽으면 수업 장면이 자연스럽게 떠올라 내용을 더 쉽게 이해할 수 있었고, 국어 공부에도 큰 도움이 되었습니다. 국어는 매일 사용하는 언어라 공부가 특별히 필요 없다고 생각하기 쉽지만, 읽기 속도와 이해력은 저절로 생기지 않습니다. 이 책에서 소개하는 방법을 통해 머릿속에 국어교과서 지도를 그려둔다면, 그 길은 앞으로 여러분이 원하는 곳으로 나아가는 데 든든한 안내자가 되어줄 것이라 믿습니다.

— 윤지현 (이화여대 뇌인지과학 학사)

이예린 선생님께서는 학생 한 명, 한 명 진심으로 대하셨고, 핵심을 꿰뚫는 설명과 독창적인 비유로 수업의 깊이를 더해주셨습니다. 그때 배운 '체계적으로 사고하고 깊이 읽는 법'은 사회인이 된 지금까지도 세상을 이해하는 데 든든한 자양분이 되어주고 있습니다. 그런 점에서 선생님께서 오랜 시간 연구 끝에 집필하신 국어교과서 공부법을 미리 책으로 만날 수 있는 독자분들이 무척 부럽습니다. 더구나 아이를 키우는 어머니로서 제안하는 구체적이고 현실적인 방법들이라, 누구나 쉽게 따라 하며 공부의 즐거움을 발견할 수 있을 것이라 확신합니다.

— 이준영 (서울대 화학/전기정보공학 학사)

이예린 선생님의 국어 수업은 늘 즐겁고 흥미로웠습니다. 지루하기 쉬운 내용을 생동감 있게 이끌어주셨고, 단순히 '이 지문이 중요하다'라고 말씀하시기보다 '왜 중요한지'를 함께 고민하게 해주셨습니다. 그래서 배운 내용이 더 오래 기억에 남았고, 항상 학생들에게 최적의 학습 방법을 찾으려 노력하시던 모습도 인상 깊었습니다. 국어는 기초부터 차근차근 다지는 것이 무엇보다 중요합니다. 제게 교과서와 관련 책을 꾸준히 읽은 경험이 밑거름이 되었듯, 이 책은 부모와 아이 모두에게 그 길을 열어줄 것이라 확신합니다.

— 조윤주 (서울대 정치외교학 학사)

이예린 선생님의 수업은 늘 학생들의 반짝거리는 눈빛과 웃음으로 가득했습니다. 학생들의 입장에서 고민하시면서, 교과서 지문을 단순한 문제 풀이의 대상이 아닌 다양한 맥락 속에서 입체적으로 바라보게 해주셨던 기억이 납니다. 덕분에 국어 공부를 넘어 글을 대하는 시선 자체가 넓어지는 경험을 할 수 있었습니다. 제가 선생님을 만나 고등학교 공부의 첫발을 한결 즐겁게 내디딜 수 있었듯, 이 책이 국어 공부의 기초를 세워주는 안내서가 되기를 바랍니다.

— 최윤서 (서울대 수의학 석사과정)

차례

시작하며
초등 국어교과서, 아이의 평생 실력을 만든다   4
국어교과서 ROAD 맵을 실천한 최상위권 학생들의 추천사   8

1부
국어 공부가 필요한 이유는 따로 있다

1장 초등 국어, 왜 이렇게 중요할까요?
1 대한민국 문해력의 위기   19
2 국어를 체계적으로 학습해야 하는 이유   26
3 수학은 100점인데 국어는 왜 점수가 오르지 않을까요?   31
4 입시 성패를 결정짓는 핵심은 결국 '국어'다   35

2장 초등 국어교과서, 공부의 판을 바꾸다
1 믿을 수 있는 최고의 정규 교재   40

2 상위권 아이들이 절대 놓치지 않는 한 가지   44
3 교과서 몰입이 성적을 바꾼다   48
4 교과서가 낯선 아이, 어떻게 시작할까?   52

2부
국어교과서, 이렇게 써야 진짜 공부다

3장 1단계 Read : 정확히 읽기
교과서를 읽는 방식부터 달라져야 한다

1 학습 목표 한 줄이 공부의 방향을 바꾼다   65
2 '다음 글'을 반드시 읽은 후 물음에 답해야 한다   71
3 작은 글씨·정보 상자 속 핵심 찾기   75
4 교과서의 다양한 활동은 버리지 말고 살려라   82
5 삽화·사진·도표까지 읽는 문해력 확장 훈련   88
6 연결어로 흐름 잡는 문해력 내비게이션   94
    1단계를 적용해 공부한 학생 사례   98

4장 2단계 Organize : 구조적으로 정리하기
한눈에 정리하는 아이가 실력도 앞선다

1 상위권 학생들의 교과서 정리 비법   101
2 도형·기호·색깔로 나만의 교과서 만들기   105

3 핵심어 몇 개로 전체 내용을 정리하는 방법　　　**114**
4 그림 구조도부터 코넬 노트 정리 전략까지　　　**120**
5 아날로그 vs. 디지털, 정리 방식의 선택　　　**134**
6 하루 15분 교서 정리 루틴 만들기　　　**141**
　2단계를 적용해 공부한 학생 사례　　　**146**

5장　3단계 Ask : 핵심을 향해 질문하기
공부 잘하는 아이는 질문부터 다르다

1 학습 격차를 가르는 질문의 품격　　　**149**
2 생각을 깊이 있게 만드는 5가지 질문 공식　　　**153**
3 소극적인 아이도 질문하게 만드는 전략　　　**162**
4 수준별 질문 전략으로 맞춤형 사고력 키우기　　　**168**
5 교과서 기반 질문 노트 만드는 방법　　　**174**
6 하루 한 개 질문으로 생각 근육 키우는 법　　　**180**
　3단계를 적용해 공부한 학생 사례　　　**183**

6장　4단계 Develop : 지식과 생각 발전시키기
표현하는 순간, 아이의 실력이 자란다

1 읽고 쓰는 아이가 결국 이긴다　　　**186**
2 말로 설명할 수 있어야 진짜 실력이다　　　**192**
3 문단을 문장으로 요약하는 정보 처리 연습　　　**197**
4 국어교과서로 시작하는 생각 확장 글쓰기 방법　　　**203**
5 교과서를 우리 아이만의 콘텐츠로 발전시키는 힘　　　**210**
6 표현하며 성장하는 '국어 포트폴리오' 만들기　　　**218**
　4단계를 적용해 공부한 학생 사례　　　**234**

3부

하루 15분 교과서로 완성하는 국어 성장 루틴

7장 국어교과서 ROAD 맵 이렇게 시작하세요

1 하루 15분 국어 학습의 효과 — 239
2 교과서 한 쪽부터 시작하는 4주 실천 챌린지 — 243
3 학년별 국어 루틴 실천 가이드 — 250
4 중학교 입학 준비 전 국어 공부법 훈련 — 260
5 "엄마, 하기 싫어요" 위기의 순간에 대처하는 자세 — 266
6 교과서와 스마트폰의 현실적인 병행 학습 전략 — 271
7 "공부를 왜 해야 하나요?"라고 아이가 묻는다면 — 274
8 아이의 메타인지를 키우는 가장 좋은 방법 — 278

마치며
국어 실력을 넘어 평생 읽고 생각을 표현하는 아이로 키우는 길 — 289

1부

국어 공부가
필요한 이유는
따로 있다

1장

초등 국어, 왜 이렇게 중요할까요?

1 대한민국 문해력의 위기

"문해력 문제가 심각하다고들 하는데, 정말 위기인가요?"

우리나라를 포함한 OECD^{경제협력개발기구} 소속 국가들은 3년마다 국제학업성취도평가^{PISA}를 실시합니다. 만 15세 학생들을 대상으로 '수학', '읽기', '과학' 영역에서 배운 지식을 실제로 얼마나 잘 활용할 수 있는지 문해력·사고력·문제 해결력을 종합적으로 보는 시험이에요.

그동안 우리나라 아이들은 이 평가에서 늘 상위권을 차지해 왔습니다. 겉으로는 문제가 별로 없어 보이지요. 하지만 자세히 들여다보면 긍정적인 상황만은 아닙니다. 높은 평균 점수는 일부 상위권 아이들이 끌어올린 결과라 볼 수 있을 정도로 상위권과 하위권의 간격이 벌어지고 있기 때문이에요. '평균'이라는 숫자 뒤에 숨은 학력 격차가 점점 심각

한국의 수학·읽기·과학 성취 결과 요약

평균 성취도	수학	읽기	과학
PISA 2000		525	
PISA 2003	542	534	
PISA 2006	547	556	522
PISA 2009	546	539	538
PISA 2012	554	536	538
PISA 2015	524	517	516
PISA 2018	526	514	519
PISA 2022	527	515	528
단기 평균 성취도 변화 (2018~2022)	+1.4	+1.4	+8.8
숙련도 수준 : 2012년과 2022년 사이의 변화			
상위권 학생 비율의 퍼센트포인트 변화(레벨 5, 6 수준)	-8.0	-0.8	+4.0
하위권 학생 비율의 퍼센트포인트 변화(레벨 2 수준 미만)	+7.1	+7.0	+7.1

(출처: PISA 2022 Result Vol.1 중 한국의 수학·읽기·과학 성취 결과 요약, 434쪽)

해지고 있다는 말입니다.

    2006년만 해도 우리나라는 '읽기' 영역에서 전 세계 1위(556점)를 기록했습니다. 하지만 이후 점수는 계속 하락해 2022년에는 515점까지 내려갔습니다. 읽기 능력이 떨어진다는 건 곧 모든 과목을 이해하는 힘이 약해진다는 뜻입니다. 수학 문제도 조건을 읽어야 풀 수 있고, 과학 실험도 글과 그림을 잘 읽어야 해석할 수 있잖아요. 그래서 국어 문해력이 흔들리면 다른 과목까지 줄줄이 어려워지게 됩니다. 왼쪽 표에서 '지난 10년간 평균 성취도의 변화 추이(2012~2022)' 항목을 보면 수학, 읽기, 과학 세 과목의 평균이 모두 동반 하락했음을 확인할 수 있습니다. 읽기가 무너지니 결국 다른 과목도 함께 흔들린 것입니다.

〈표 Ⅳ-3-3〉 우리나라 학생들의 읽기 소양 성취수준의 비율 추이(%)

연구주기 수준	PISA 2000	PISA 2003	PISA 2006	PISA 2009	PISA 2012	PISA 2015	PISA 2018	PISA 2022
6수준	-	-	-	1.0	1.6	1.9	2.3	2.5
5수준	5.7	12.2	21.7	11.9	12.6	10.8	10.8	10.8
4수준	31.1	30.8	32.7	32.9	31.0	25.5	24.6	24.7
3수준	38.8	33.5	27.2	33.0	30.8	28.9	27.6	28.0
2수준	18.6	16.8	12.5	15.4	16.4	19.3	19.6	19.4
2수준 미만	5.7	6.8	5.8	5.8	7.6	13.7	15.1	14.7

※ 음영된 부분은 읽기가 주영역인 주기임
※ 위의 수치는 반올림에 의한 차이가 있을 수 있음
출처: 조성민 외(2019a, p.73)를 토대로 수정·보완하고 OECD(2023b, pp. 318-319) 자료를 추가함

(출처: 한국교육과정평가원 김성경 외, 「OECD 국제 학업성취도 평가 연구: PISA 2022 결과 보고서(2023)」 134쪽)

더욱 심각한 건 기초 학력 미달 학생 비율(2수준 미만)이 최근 10년 사이에 7.6%에서 14.7%로, 거의 두 배가 증가한 것입니다. 이는 한 교실에 30명이 있다면 그중 4~5명은 글을 제대로 읽고 이해하는 데 어려움을 겪고 있다는 뜻이지요. 실제 학교 현장에서는 그 위기가 피부로 느껴지고 있습니다. 책상 앞에 앉아 있지만 교과서 내용을 이해하지 못해 수업을 따라가기 힘들어하는 학생들이 해마다 늘고 있습니다.

반면 읽기 능력이 우수하다고 평가되는 학생 비율(4~5수준)의 합은 최근 10년 사이에 43.6%에서 35.4%로, 8% 이상 줄었습니다. 최상위

권인 학생 비율(6수준)만 소폭 늘었을 뿐, 전반적으로는 읽기 능력이 하향 평준화되고 있는 게 현실입니다.

문해력 문제의 해결책은 바로 초등 시기에 있습니다. 이때 올바른 읽기 습관을 잘 형성해 놓으면 이후 학업 전반을 지탱하는 강력한 기초가 됩니다. 이 시기를 놓치면 정말 어려워져요. 중학생이 된 뒤에 국어 공부를 본격적으로 시작하면 훨씬 많은 시간과 노력을 들여야 하기 때문이에요. 세분화된 과목별 진도에 쫓겨 국어의 기초를 다시 다질 여유는 커녕 내신의 압박으로 요령이나 단순 암기에 의존하는, 좋지 않은 습관이 생기기도 해요. 무엇보다 사춘기와 맞물려 부모가 곁에서 직접 도와줄 수 있는 시기는 지나버렸을 수도 있습니다.

제가 만난 국어를 꾸준히 잘하는 고등학생들은 대부분 초등 시절부터 올바른 읽기 습관을 갖고 있었는데요. 교과서를 꼼꼼히 읽고, 모르는 것은 질문하거나 찾아보며, 배운 내용을 자기 말로 정리하고 설명하는 것이 자연스럽게 몸에 배어 있었어요. 이 작은 습관은 시간이 흐를수록 아이들의 학업 성취 수준을 크게 갈라놓았습니다.

다행인 건 초등 교육과정은 아직 부모가 도울 수 있는 수준이라는 점이에요. 무언가를 꼭 가르치지 않으셔도 됩니다. 아이와 함께 교과서를 읽고, 대화를 나누면서 생각을 스스로 정리할 수 있도록 도와주는 것으로 충분합니다.

🌸 문해력 위기의 해답, 왜 국어교과서인가?

우리나라가 OECD 국제학업성취도평가에서 세계 1위를 기록했던 2006년을 돌이켜 보면, 지금만큼 사교육이 과열되지 않았고 스마트폰도 보편화되지 않았던 때였습니다. 그 시절에는 집에서 과제를 할 때 교과서와 관련된 문서를 직접 찾아 읽고 참고하여 정리하는 일이 흔했지요. 그래서인지 그때의 아이들은 지금보다 훨씬 높은 문해력을 갖고 있었습니다.

지금은 어떤가요? 이전보다 배움의 기회는 더 많아졌고 정보는 넘쳐나는 시대입니다. 온라인 강의, 영상 플랫폼, 태블릿 학습지, 인공지능 서비스까지 학습 도구는 그 어느 때보다도 다양해졌습니다. 사교육 열기도 더욱 뜨거워졌고요. 그런데 아이러니하게도 아이들의 문해력은 점점 낮아지고 있습니다. 새롭게 등장한 생성형 AI는 문해력 위기를 더욱 심화시키는 것은 아닐지 우려하는 목소리도 나옵니다.

이런 상황에서 '교과서'의 역할은 그 어느 때보다 중요하다고 생각합니다. 교육부가 2024년부터 순차적으로 도입하고 있는 '2022 개정 국어 교육과정'을 보면, 초등 국어교과서가 아이들의 핵심 역량을 길러주는 필수 학습 도구로 설계되었음을 분명히 하고 있습니다.

> 학습자는 '국어'의 학습을 통해 국어 교과에서 추구하는 다양한 역량을 기를 수 있다. '국어' 학습자는 다양한 매체를 효과적으로 사용함으로써 일상생활은 물론 학교생활을 포함한 사회

생활에서 요구되는 지식과 정보를 수용하고 생산할 수 있다. 다양한 담화와 글, 국어 자료, 작품, 매체로 표현된 텍스트를 분석하면서 비판적 사고력을 함양하고, 자신의 생각을 창의적으로 표현할 수 있다. 의사소통 참여자를 존중하면서 개방적이고도 포용적인 자세로 협력적인 의사소통을 하는 것 또한 국어를 통하여 기를 수 있는 중요한 역량이다.

(출처 : 교육부 고시 제2022-33호 [별책 2] 초등학교 교육과정, 99쪽)

초등 국어교과서는 수년간 교육 전문가들이 아이들의 발달 단계와 인지 수준을 면밀히 분석해 만든 공인된 결과물입니다. 여기에는 아래 4가지 핵심 요소가 모두 담겨 있습니다.

1) 아이의 눈높이에 맞는 적절한 난도
2) 사고력을 점진적으로 확장할 수 있는 체계적 구성
3) 부모가 함께 활용할 수 있는 친근한 내용
4) 단기 성과보다 장기적 성장을 고려한 설계

"그런데 초등 국어교과서로 뭘 어떻게 하라는 거지? 문제집에 비하면 내용도 적어 보이는데?"

아직 이런 의문이 드시나요? 핵심은 바로 '어떻게'에 달려 있습니다. 국어교과서의 가치는 학습자가 어떻게 활용하느냐에 따라 천차만별로 달라지거든요. 같은 교과서라도 그냥 한 번 읽고 마는 아이와, 읽고-질문하고-정리하고-발전시키는 과정을 체계적으로 거치는 아이의 결과는 완전히 다를 수밖에 없어요. 그래서 구체적인 방법이 필요한 것이지요. 아이가 진짜 실력을 기를 수 있는 올바른 교과서 활용법 말이에요. 초등 시기에 교과서를 통해 공부 습관을 잡으면 중·고등학교에서 폭발적인 학습 효과로 이어지고, 곧 평생 학습 능력의 토대가 됩니다.

오늘부터 교과서를 펼쳐보세요. 아이와 소리 내어 함께 읽고 가볍게 이야기를 나누는 시간이 쌓일수록 아이는 스스로 글을 읽고 생각하고 말하는 힘을 자연스럽게 익히게 됩니다. 교과서를 중심에 둔, 일상에서 반복하는 작은 훈련은 아이의 문해력이 단단하게 키워지고 결국에는 모든 과목의 기반이 되는 국어 실력 향상으로 이어집니다. 시작은 작아 보여도 그 효과는 평생 간다는 걸 기억해 주세요.

2 국어를 체계적으로 학습해야 하는 이유

"한국인이면 국어는 저절로 잘하는게 되는 거 아닌가요?"

많은 부모님이 아이가 초등학교 입학하기 전부터 영어 유치원에 보내고 수학 선행을 고민하면서도, 국어는 한글을 뗀 이후부턴 크게 신경을 안 쓰시는데요. '아이가 태어날 때부터 한국어를 쓰며 자라왔고 학교에서도 매일 국어 수업을 듣고 있으니, 다른 것만으로도 바쁜데 별도 학습이 필요할까?'라는 마음이 은연중에 들기 때문입니다.

하지만 제가 학교에서 만나는 아이들의 모습은 이런 부모님들의 기대와는 좀 다릅니다. 읽어야 하는 문장이 조금만 길어지면 뜻을 놓치고, 문제를 풀 때 글 속에서 필요한 정보를 제대로 못 찾는 경우가 많거든요. 책을 좋아해도 줄거리 설명 외에는 자기 생각을 표현하는 데 어려움을 겪기도 하고요.

그 이유는 '생활 언어'와 '학습 언어'의 차이에서 비롯됩니다. 생활 언어는 주로 일상에서 감정과 경험을 나누는 말이에요. "추워", "재미있어", "배고파" 같은 표현은 상황과 억양, 몸짓만으로도 충분히 이해할 수 있습니다. 하지만 학습 언어는 달라요. 읽은 내용을 정리해 말하기, 자기 생각을 논리적으로 설명하기, 복잡한 글을 이해하고 요약하기처럼 별도의 훈련이 필요한 고차원적 언어 활동이거든요. 걸을 줄 안다고 곧바로 마라톤을 완주할 수 없는 것처럼, 말할 줄 안다고 해서 깊이 있는 독해와 표현이 가능한 것은 아니니까요. 그럼 왜 우리는 국어 학습의 필요성을 잘 실감하지 못할까요?

첫째, 부모 세대와 아이들의 환경이 달라졌어요. 부모 세대는 책을 통해 자연스럽게 문해력을 길렀어요. 공부할 때는 종이책이 기본이었고, 과제가 생기면 도서관에서 자료를 찾고 정리하는 게 일상이었죠. 신문을 스크랩하거나 책을 필사하는 경험도 흔했습니다. 하지만 지금 아이들은 태어날 때부터 디지털 기기와 함께한 영상 세대입니다. 글보다 이미지, 문장보다 짧은 자막과 영상이 더 익숙해요. 별도의 훈련이 없으면 문해력 격차가 빠르게 벌어질 수 있는 환경입니다.

둘째, 국어 수업 방식 자체가 바뀌었어요. 부모 세대의 국어 수업은 교과서를 읽고 문제의 정답을 찾는 것이 중심이었다면, 지금은 논술형 수행평가의 비중이 대폭 늘어났습니다. 또한 다양한 매체의 글을 분석하고 토론과 발표로 이어지는 활동 중심으로 바뀌었어요. 독해력을 넘어서 표현력, 사고력, 소통 능력까지 종합적으로 평가받는 시대가 된 거죠.

셋째, 국어는 공부 방법이 막연하게 느껴지는 과목입니다. 수학에는 풀이 공식이 있고, 영어에는 단계별 문법과 자주 쓰이는 어휘 표현이 있어 학습 경로가 비교적 분명해 보여요. 하지만 국어는 눈에 보이는 구조가 뚜렷하지 않다 보니 부모나 아이 모두 어디서부터 어떻게 시작해야 할지 난감할 수밖에 없습니다.

아쉽게도 국어교과서를 제대로 공부할 기회가 많지 않은 것도 사실입니다. 학교에서는 교육과정 진도를 맞추는 데 집중할 수밖에 없고, 학원은 대부분 문제 풀이 중심 수업에 치우쳐 있지요. 결국 아이들이 글의 흐름을 읽고 정리하며 자신의 언어로 표현하는 방법을 스스로 터득하지 않는 한 교과서를 활용하기가 어려운 셈입니다.

열심히 공부하는데도 정작 국어 실력의 뿌리가 자라지 않는 모습을 보면 참 안타까운데요. 하지만 방법은 있습니다. 국어 역시 체계적인 학습이 필요하다는 사실을 제대로 이해하고 교과서 중심으로 학습을 시작한다면, 아이의 국어 실력은 충분히 향상될 수 있습니다.

🌸 우리 아이가 책 읽기에 관심이 없다면?

이따금 '책을 좋아해서 도서관에 자주 간다'라는 다른 집 아이 이야기를 들으면 내심 초조하고 불안해질 때 있으시죠? '책을 많이 읽어야 국어도 잘한다던데, 우리 아이는 도무지 책에 관심이 없으니 어쩌지…' 하는 마음도 드실 겁니다. 물론, 꾸준한 독서가 국어 실력의 밑바탕이 된다는 건 부정할 수 없는 사실이에요. 다양한 책을 통해 어휘력이 길러지고 배경지식도 넓어지며 표현력과 사고력도 함께 자라거든요.

그렇다면 책을 안 읽는 우리 아이는 국어를 잘할 수 없는 걸까요? 그렇지 않습니다. 독서량이 부족하더라도 국어 실력을 키울 방법이 있습니다. 바로 '국어교과서'를 제대로 읽고 활용하는 것이에요. 국어 실력을 키우는 것은 '양'이 아니라 '질'입니다. 무작정 많은 책을 읽는 것보다 교과서에 수록된 글을 정확히 읽고 이해한 뒤 자신의 생각을 정리하고 표현해 보는 과정이 국어 실력을 기르기에 훨씬 더 효과적이에요.

취미로 하는 독서와 학업을 위한 전략적 독서는 그 목적부터 다릅니다. 평소에 책을 정말 많이 읽는 아이여도 정작 국어 시험에서는 지문 분석이나 문제 해결에 어려움을 겪기도 하고, 반대로 독서량은 많지 않아도 교과서를 정독하고 핵심을 파악하는 습관이 잘 잡힌 아이는 훨씬 뛰어난 성과를 보이기도 해요. 따라서 우리는 전략적 독서 방법으로 교과서에 접근해야 승산이 있습니다.

👑 전략적인 교과서 독서 방법
- 교과서 속 글을 끝까지 정독하기
- 중심 문장이나 핵심 내용을 스스로 찾아보기
- 읽은 내용을 정리해서 말해보기
- 자신의 생각을 짧게라도 글로 써보기

위에 예시로 든 활동들을 의식적으로 꾸준히 연습하고 반복한다면 아이는 스스로 글을 읽고 해석하는 자기만의 전략을 갖게 됩니다. 다만 초등학생이 처음부터 혼자 힘으로 이런 습관을 만들어가는 건 쉽지 않기 때문에, 초반에는 부모님이 작게라도 참여하여 격려하고, 함께 읽고 말해 보는 과정이 필요합니다.

"이 문장은 무슨 뜻일까?", "이 글을 읽고 어떤 생각이 들었어?"와 같은 가벼운 질문 몇 개로 대화를 시작해 보세요. 매일 국어교과서와 친해지는 시간이 조금씩 쌓일수록 아이의 국어 실력은 눈에 띄게 성장할 테니까요.

3 수학은 100점인데 국어는 왜 점수가 오르지 않을까요?

"선생님, 우리 아이는 수학은 항상 100점인데 국어 점수만 80점 대에서 오르지 않아요. 도대체 왜 그런 걸까요?"

자사고에서 만난 한 학생은 초등학생 때부터 '수학 영재'로 불렸습니다. 각종 수학 대회에서 여러 차례 입상했고, 중학교 내신도 늘 만점에 가까웠죠. 하지만 고등학교에 진학하면서부터 고민이 시작됐습니다. 1학년 첫 중간고사에서 수학은 100점이었지만 국어는 82점이었고, 기말고사에서도 국어 점수는 크게 오르지 않은 것이죠.

"수학은 답이 명확한데, 국어는 왜 이게 정답인지 모르겠어요. 문학 문제에서 화자의 정서를 제 나름대로 고려했는데 왜 틀리는 건지 답답해요. 솔직히 중학교 국어는 며칠 전부터 암기하고 반복하면 100점이 나왔는데, 고등학교 국어는 그런 방법이 아예 안 통해요."

혼란스러워하는 아이의 표정을 보면서 저도 덩달아 마음이 안 좋았던 기억이 있습니다. 실제로 이 친구처럼 국어만 유독 어려워하는 아이들이 생각보다 훨씬 많습니다.

"왜 이게 정답인지 모르겠어요."
"다른 선택지도 말이 되는 것 같아요."
"지문에서 근거를 못 찾겠어요."

수학을 잘하는 아이들은 대체로 논리적이고 체계적인 사고에 능합니다. 수학 문제를 풀 때는 명확한 조건과 공식에 따라 하나의 정답을 도출해야 하니까요. 하지만 국어 문제는 그렇지 않죠. 겉보기에 정답이 명확하지 않고 정답을 찾는 과정도 직관적이지 않기 때문에 그간의 학습 방식으로는 잘 풀리지 않아 좌절감을 느끼게 됩니다. 여기서 문제는 많은 아이들이 국어를 '암기 과목'처럼 공부해 왔다는 점입니다. 중학교까지는 시험 범위가 좁고 교과서 내용을 반복해 읽으면 어느 정도 성과가 나왔겠지만, 고등학교 국어는 다릅니다. '지문 독해 + 논리적 추론 + 문제 분석 능력'이 동시에 요구되기 때문입니다. '읽고 생각하는 힘'이 국어 실력의 기준이 되는 것이죠.

사실 국어에도 풀이법이 있습니다. 다만 수학처럼 공식으로 딱 떨어지지 않을 뿐이에요. 예를 들어 문학 작품에서 화자의 정서를 묻는 문제가 나왔다면, 아래와 같은 과정을 거쳐야 합니다.

1) 화자가 처한 상황과 배경을 파악하기
2) 시어의 함축적 의미 해석하기
3) 화자를 나타내는 어투와 표현 살펴보기
4) 반복되는 단어나 이미지 찾기

전체적인 글의 흐름에서 종합적으로 화자의 정서를 판단해야 합니다. 수학에서 문제를 유형별로 나누고 풀이 과정을 연습하듯 국어 역시 논리적인 독해 훈련이 필요합니다. 문제는 대부분의 학생이 이런 과정을 제대로 연습해 본 적이 없다는 것이지요.

국어가 고민이었던 자사고 제자는 여름 방학을 기점으로 국어 공부법을 완전히 수정했습니다. 교과서를 여러 번 정독하면서 글의 구조를 분석하고, 모르는 어휘를 직접 찾아 정리하고, 읽은 글을 자신의 말로 요약 및 설명하는 연습을 꾸준히 이어갔습니다. 그 결과, 2학기에 국어 성적이 크게 향상되어 결국 자사고 내신에서 국어 1등급을 받아냈습니다.

"선생님, 이제 국어 문제를 보면 답이 왜 그런지 알겠어요. 교과서 지문 안에 다 있었는데, 전에는 그걸 찾는 방법을 몰랐던 것 같아요."

우리 아이가 수학은 잘하는데 국어만 어려워해서 고민이신가요? 그

건 공부의 실력이 아니라 방법의 문제입니다. 수학을 잘하는 아이는 이미 뛰어난 사고력과 논리력을 갖춘 아이입니다. 국어 문제 해결에도 반드시 필요한 능력이죠. 다만 국어는 해결 방법을 배울 기회가 부족해서 막막해 보일 뿐이라는 걸 알려주세요.

국어도 수학처럼 읽는 법, 생각하는 법, 문제를 푸는 구조를 배우면 분명히 잘할 수 있어요. 국어는 '감'이 아니라 교과서를 제대로 읽는 습관과 사고 훈련으로 충분히 키울 수 있는 과목입니다. 오늘부터 아이가 교과서를 중심으로 읽고 정리하고 표현하는 연습을 시작할 수 있도록 안내해 주세요. 제대로 배우면 잘할 수 있습니다.

4 입시 성패를 결정짓는 핵심은 결국 '국어'다

최근 10년 동안 수능 국어의 난도는 계속해서 높아졌습니다. 정답률이 낮은 한두 개의 고난도 문항이 최상위권과 중상위권, 중하위권과 하위권을 가르는 결정적 변수가 되는 시대입니다. 국어는 지문이 길고 다루는 분야도 과목을 넘나들 정도로 방대해서 출제 범위가 아예 '전 범위'로 공지될 정도예요. 결국 수능 국어에서 성패를 좌우하는 건 출제자의 의도를 파악한 뒤 문맥 속 단서를 빠르고 정확하게 해석하는 힘입니다.

사실 국어 실력이 뛰어나다는 말이 단순히 시험 점수가 높다는 뜻만은 아닙니다. 복잡한 정보를 이해하고 분석하는 능력, 논리적으로 사고하고 문제를 해결하는 능력, 자기 생각을 글과 말로 명확히 표현하는 능력이 있다는 뜻입니다. 이 능력은 학업을 넘어 아이의 평생을 좌우한다고 해도 과언이 아닙니다. 대학에서 논문을 읽고 비판적으로 정리할 때, 직장에서 보고서를 작성하고 복잡한 지시를 이해한 다음 실행할 때처럼 우리는 살면서 독해력과 사고력이 밑바탕에 있어야 하는 일들과 수도 없이 마주치게 되거든요.

정보가 넘치는 시대, 국어 실력은 더욱 중요해졌습니다. 우리는 매일 수많은 정보를 접합니다. 그중에는 진짜와 가짜를 가려내야 할 것들이 섞여 있지요. 무엇이 중요한지 판단해야 할 순간도 늘어나고 있습니다. 결국 정보를 빠르게 선별하고 정확히 이해하는 능력이 곧 경쟁력인 시대입니다. 그 능력의 중심에 있는 것이 바로 국어, 즉 문해력과 사고력이고요.

국어 성적은 아이의 전반적인 학습 능력과 사고력을 보여주는 종합 지표예요. 앞으로 이 흐름은 더욱 강화될 것이라고 생각합니다. 특히 최상위권 대학일수록 비판적 시각과 표현력을 갖춘 학생을 원하고 있지요. 결국 국어는 입시 성패를 가르는 핵심 과목이 될 수밖에 없습니다.

여러 차례 강조했지만, 국어 실력의 해답은 바로 '교과서'에 있습니다. 초등 국어교과서는 아이가 읽고 쓰는 기본기를 자연스럽게 익히도록 설계되어 있어요. 낯선 개념도 안전하게 확장할 수 있게 돕는, 가장 믿을 만한 학습 자료입니다. 실제로 초등 시절부터 교과서를 제대로 읽고 생각을 확장하는 훈련을 해온 아이들은 입시의 결정적 순간에 놀라운 힘을 발휘합니다. 교과서를 꼼꼼히 읽은 아이일수록 자기주도 학습 습관이 잡혀 있고, 모르는 것은 그냥 넘기지 않고 찾아보는 태도도 몸에 배어 있습니다. 중학교에 올라가 과목 수가 늘어나도, 고등학교에서 긴 지문이 쏟아져 나와도, 교과서 기반의 학습 습관을 갖춘 아이는 쉽게 흔들리지 않아요.

"교과서 위주로 공부했어요."

한때 수능 만점자들의 인터뷰에서 빠지지 않고 등장했던 말이에요. 이는 결코 과장이 아닙니다. 교과서 중심 학습은 학업의 기본기를 다지는 가장 확실한 방법이에요. 깊이 있는 이해와 사고 습관은 교과서에서 시작되거든요. 문제집이나 학원 교재만으로는 얻기 힘듭니다. 물론 이 말이 국어만 열심히 하라는 뜻은 아니에요. 국어를 통해 얻을 수 있는 문해력, 사고력, 표현력은 다른 교과 학습을 지탱하는 힘이 되어줍니다. 그래서 초등 시절부터 교과서를 중심으로 이 힘을 길러두는 것이 중요하다는 것을 강조하고 싶었습니다.

초등 국어교과서는 아이 눈높이에 꼭 맞는 난도로 구성되어 있습니다. 조금만 집중하면 충분히 읽어낼 수 있고, 동시에 사고의 깊이를 넓힐 수 있는 다층적 구조로 설계되어 있지요. 또한 듣기, 말하기, 읽기, 쓰기를 통합적으로 기를 수 있는 유일한 종합 학습 자료이기도 합니다. 무엇보다 모든 아이에게 공평하게 주어지는 교재입니다. 사교육이 어렵거나, 도서관이 멀거나, 정보 접근이 쉽지 않은 환경이라도 교과서만큼은 학교에서 무상으로 제공받을 수 있으니까요. 결국 중요한 건, 교과서를 얼마나 제대로 활용하느냐입니다.

"국어가 이렇게 중요한 과목인 줄 알았더라면 진작부터 신경 써줄 걸 그랬어요."

많은 부모님께서 고등학생이 된 자녀를 보며 이렇게 말씀하세요. 부모라면 누구나 더 일찍 잘해주고 싶은 아쉬움이 있기 마련이니까요. 하지만 아이는 늘 성장할 수 있는 새로운 기회를 품고 있다는 사실을 꼭 기억해 주세요. 자녀가 초등학생이라면 지금이 바로 적기입니다. 함께 교과서를 읽으며 대화를 나누고, 아이가 생각을 꺼내도록 기다려 주는 것이 그 시작이에요. 중요한 건 이미 늦었다는 후회가 아니라, 지금부터 차근차근 함께 걸어가는 마음입니다.

2장

초등 국어교과서, 공부의 판을 바꾸다

1 믿을 수 있는 최고의 정규 교재

 아이의 국어 실력을 키우고 싶다면 가장 먼저 살펴봐야 할 책이 바로 국어교과서입니다. 국어교과서는 수업 시간에 국한된 교재가 아닙니다. 아이가 모든 교과목을 학습하는 데 필요한 언어 능력을 체계적으로 키울 수 있도록 철저히 연구하여 설계된 본질적인 학습 자료입니다.
 물론 국어뿐만 아니라 수학, 과학, 사회, 예술 등 모든 과목의 교과서도 각각의 중요한 가치를 지니고 있습니다. 하지만 이들 교과서를 제대로 읽고 이해하여 활용하려면 무엇보다 탄탄한 문해력과 통합적 사고력이 바탕에 깔려 있어야 합니다. 국어교과서는 바로 이러한 모든 학습의 기초가 되는 핵심 역량을 길러주는 교재입니다.
 국어교과서는 다음 4가지 측면에서 그 가치를 확인할 수 있습니다.

1) 고품질 텍스트만 엄선된 책

국어교과서에 실린 글들은 아동의 발달 단계, 문학성, 교육적 가치, 어휘 수준, 주제의 적절성 등을 종합적으로 고려하여 수십 명의 전문가들이 엄선한 고품질 텍스트입니다. 아이의 인지 수준과 독해력 단계를 세심하게 반영한 '맞춤형 독서 자료'라 할 수 있습니다.

2) 체계적이고 점진적인 학습 구조

저학년에서는 기본적인 문해력과 어휘력 향상에 집중하고, 학년이 올라갈수록 고차원적인 읽기, 비판적 사고, 추론적 이해로 이어집니다. 즉, 아이가 자연스럽게 사고의 깊이를 확장할 수 있도록 체계적으로 구성되어 있습니다. 이러한 방식의 단계적 성장은 다른 과목 학습에서도 그대로 발휘되는 핵심 능력이 됩니다.

3) 다양한 장르의 글로 균형 잡힌 언어 감각 형성

아이들은 대체로 이야기책을 좋아하고 논설문이나 설명문은 잘 안 읽으려고 하죠. 하지만 국어교과서에는 동화, 시, 수필, 설명문, 대화문, 안내문 등 다양한 글이 고르게 실려 있어 균형 잡힌 언어 감각을 기를 수 있도록 돕습니다. 이는 나중에 과학교과서의 탐구 보고서, 사회교과서의 논증 글, 수학교과서의 문제 설명문 등 다양한 영역의 글을 이해하는 데 필요한 종합적 사고력의 기반이 됩니다.

4) 실제 평가와의 연계성

교과서 속 글과 활동은 학교 시험과 수능 평가까지 매우 긴밀하게 연결되어 있습니다. 중·고등학교에서 만나는 지문 구조, 독해 방식, 문제 유형들이 이미 초등 교과서 안에서 다뤄지고 있지요. 독서를 부담스러워하는 아이일수록 얇고 익숙한 교과서 한 권으로 시작하는 공부법이 훨씬 효과적입니다.

아이와 교과서 읽기를 시작할 때, 부모가 먼저 교과서를 가치 있게 여기는 태도를 보여주세요. 교과서를 통해 지식과 생각이 넓어질 수 있다는 긍정적인 기대를 전달하면 아이도 자연스럽게 교과서를 신뢰하게 됩니다. 아래 예시와 같은 방법으로 시작해 보세요. 이런 대화는 아이에게 부담을 주지 않으면서도 국어 실력은 물론, 모든 과목 학습의 기초를 형성합니다.

👑 일상 속 대화 예시

- "오늘 국어 시간에 배운 것 중 기억나는 단어 하나만 말해줄래?" 하고 가볍게 물어보기
- 아이와 함께 교과서 한 단원을 천천히 소리 내어 읽어보기
- 낯선 단어나 어려운 표현이 나오면 함께 사전을 찾아보고 일상 속 예시로 연결하기
- 짧은 문장을 읽고 "왜 이렇게 표현했을까?" 하고 생각을 열어주는 질문 건네기
- "너한테 설명을 들으니까 훨씬 이해가 잘되네! 그렇다면 이 글에서 가장 중요한 내용은 뭐였을까?" 하면서 자연스럽게 대화를 이어가기

교과서를 읽다 보면 아이가 유난히 흥미를 보이는 주제가 생깁니다. 이때 부모는 관심사를 자연스럽게 확장시키는 역할만 해주면 됩니다. 예를 들어, 설명문 속 동물 이야기에 흥미를 보인다면 동물 백과나 자연 관찰 책을 연계해서 더 찾아보고, 역사 이야기에 재미를 느낀다면 인물 중심의 이야기책이나 어린이용 역사책으로 확장하는 식입니다. 연결 독서는 아이가 억지로 책을 읽는 게 아니라, 스스로 알고 싶고 더 읽고 싶어지게 만드는 동기 부여로 이어집니다.

우리의 궁극적인 목표는 아이가 교과서를 기점으로 스스로 독서의 즐거움을 느끼고, 다양한 책을 즐기는 사람으로 성장할 수 있도록 도와주는 것입니다. 교과서는 그 출발점으로, 부담이 적고 효과는 큰 학습 도구입니다. 그리고 이렇게 다진 국어 실력은 아이의 학업 전반에 탄탄한 뿌리가 됩니다. 초등 시절부터 교과서를 소중하게 다루며 읽고 생각하는 습관이 생긴 아이는 중·고등학교에서 어떤 과목을 만나더라도 결코 흔들리지 않습니다.

결국 중요한 것은 단 한 편의 글이라도 제대로 읽고 자기 생각을 키워보는 경험을 누적하는 일입니다. 우리 아이가 '독서왕'이 아니어도 괜찮습니다. 부모님이 아이의 속도를 믿고 격려해주며 기다려준다면, 조금 느려도 아이가 향하는 곳에는 반드시 '성장'이 있을 테니까요.

2 상위권 아이들이 절대 놓치지 않는 한 가지

국어 실력이 뛰어난 아이들은 초등 시절에 과연 어떻게 공부했을까요? 고등학교에서 수많은 학생을 가르치고 상담해 온 저 역시 매년 이 질문을 품게 됩니다. 특히 국어 1등급을 놓치지 않는 최상위권 학생들에게 그 비결을 물어보면, 돌아오는 대답은 거의 비슷합니다.

바로 '교과서를 반복해서 꼼꼼히 읽는 습관'입니다. 이 아이들은 대개 한 단원을 최소 3번, 많게는 10번 이상 반복해 읽는 습관을 갖고 있었습니다. 처음에는 글의 전체적인 흐름과 분위기를 익히며 읽고, 두 번째에는 중심 문장, 핵심 어휘, 개념어를 중심으로 꼼꼼히 살펴보며, 세 번째에는 놓친 표현이나 활동 과제를 점검하면서 자기 것으로 만드는 방식입니다. 이 과정을 통해 눈을 감고도 한 단원의 내용을 머릿속에 떠올릴 수 있을 만큼 깊이 있게 체화했습니다.

반복 읽기 후에는 글의 핵심을 찾거나 내용을 한 문장으로 요약하면서 자신의 언어로 정리하고 설명하는 연습도 이어갔습니다. 글의 내용을 이해하는 데서 그치는 것이 아니라, 말하고 쓰는 능력으로까지 확장하는 것이죠. 이렇게 쌓은 독해력과 표현력은 국어 실력에만 머물지 않습니다. 수학 문제의 복잡한 조건을 정확히 파악하고, 과학 실험 과정을 논리적으로 서술하며, 사회 현상을 다각도로 분석하는 능력으로까지 자연스럽게 이어집니다. 수많은 문제집이나 선행 강의보다도 훨씬 쉽고 효과적인 방법, 바로 '국어교과서를 제대로 읽는 습관'에서 비롯됩니다.

이 아이들의 공부가 단단해질 수 있었던 또 하나의 이유는 초등 시절 부모님의 조용한 뒷받침이 있었다는 점입니다. 직접 공부를 가르친 게 아니라, 교과서를 함께 읽고 대화로 내용을 이어가는 환경을 꾸준히 마련해 주었습니다. "오늘 학교에서 뭐 배웠어?"라는 추상적인 질문 대신 앞서 예로 든 "국어 시간에 기억에 남는 단어 하나만 알려줄래?"와 같은 구체적인 질문을 던지며 아이 스스로 학습 내용을 되새기도록 도와주었습니다.

이러한 읽기 습관의 효과는 실제 연구 결과로도 확인됩니다. 2024년 한국교육과정평가원이 전국 초등학교 4~6학년 학생 4073명을 대상으로 실시한 연구에서는 문해력 상위 집단과 하위 집단의 가장 큰 차이점 중 하나가 바로 '읽기 이후의 대화 경험'임을 보여줬습니다. 문해력 상위 집단 중 36.6%는 '책을 읽고 부모님이나 다른 사람과 '항상' 또는 '자주' 이야기를 나눈다'라고 응답한 반면, 하위 집단은 그 비율이

14.6%에 불과했습니다.

문해력 수준별 읽기 관련 심층 경험

단위: 명(%)

구분		전혀 그렇지 않다	가끔 그렇다	자주 그렇다	항상 그렇다	전체
문해력	상	87(12.6)	349(50.7)	179(26.0)	73(10.6)	688(100.0)
	중	585(22.6)	1353(52.2)	489(18.9)	164(6.3)	2591(100.0)
	하	269(36.3)	365(49.2)	74(10.0)	34(4.6)	742(100.0)
전체		941(23.4)	365(49.2)	742(18.5)	271(6.7)	4021(100.0)

(출처 : 한국교육과정평가원 노원경 외,
「초등학생 문해력 실태 분석 및 교육 지원 방안 탐색: 4~6학년을 중심으로」, 연구보고서(2024), 138쪽)

즉, 책이나 글을 읽은 뒤 누군가와 생각을 나누는 경험이 문해력 격차를 만드는 중요한 요인이라는 뜻입니다. 제가 지금까지 만난 문해력 상위권 아이들의 공통점 또한 바로 이 점이었습니다. 자신이 읽은 내용을 자기 언어로 설명하고, 그 과정에서 대화를 통해 사고를 확장하는 데 익숙했던 것이지요.

🌷 최상위권 교과서 반복 읽기 실천 예시

양적으로 많은 책을 읽는 것보다 한 편의 글을 깊이 있게 읽고 그 내용을 누군가와 나누는 경험이 훨씬 큰 성장을 만듭니다. 특히 초등 국어교과서는 간결하고 체계적으로 구성되어 있어 부모가 자녀와 함께 읽고 대화를 나누기에 매우 적합한 교재입니다.

1차 읽기	2차 읽기	3차 읽기
큰 흐름 파악	중심 내용 파악	문장의 깊은 뜻 파악
· 이 글은 어떤 이야기인가? · 가장 기억에 남는 장면/문장은?	· 중심 문장 한 줄 쓰기 · 중요한 어휘 3개 고르기	· 내 생각으로 다시 말해보기 · 궁금한 점 또는 더 알고 싶은 점 써보기 · 읽은 내용을 말로 정리해보기 (예: "이 글의 핵심은 OO이다", "한 문장으로 줄이면 ___이다.")

실제로 부모와 함께 교과서나 책을 읽는 경험을 자주 한 아이들은 텍스트를 대하는 태도부터 다릅니다. 교과서를 단순히 외워야 할 지식의 집합체가 아니라, 탐구하고 질문할 수 있는 대상으로 인식합니다. 모르는 낱말이 나오면 그냥 넘어가지 않고 사전을 찾아보거나 질문하고, 때로는 스스로 인터넷에 검색해 해결하기도 합니다.

이 모든 과정은 처음부터 아이 혼자만의 힘으로 가능한 것은 아닙니다. 부모가 곁에서 도와주되, 점차 아이가 스스로 문제 해결의 힘을 기를 수 있도록 안내하는 것이 중요합니다. 아이에게 정답을 곧바로 알려주는 것보다, 스스로 답을 찾는 방법을 알려주는 것이 진짜 실력을 키우는 길입니다.

3 교과서 몰입이 성적을 바꾼다

"이러다 우리 아이만 뒤처지면 어떡하지?"

많은 부모가 이런 불안한 마음 때문에 미취학 시기부터 선행 사교육에 의존하기 시작합니다. '7세 고시'라는 신조어는 유아기부터 사교육이 과열된 현실을 반영하고 있지요. 그 안에는 남들보다 앞서야 한다는 조급함과 지금 준비하지 않으면 안 된다는 불안감, 눈앞의 성취를 놓치고 싶지 않은 절박함이 숨어 있습니다.

그러나 초등 시기에 중·고등학교 수준의 고난도 교재나 수능 문제를 미리 접하는 선행학습은 실력 향상에 도움이 되기보다 오히려 부작용을 낳는 경우가 많습니다. 기초가 탄탄히 잡히지 않은 상태에서 어려운 문제를 접하면 아이는 문제를 '이해'하기보다 '외워서 맞히는' 방식에 익숙해질 가능성이 크기 때문입니다. 그러다 이 방법이 통하지 않는 문제 수준에 이르면 쉽게 포기하거나 자신감을 잃는 악순환에 빠지기도 합니다. 겉으로는 배운 듯 보이지만 실제 이해력은 점점 더 부족해지는 겁니다. 선행학습이 누적되면 아이의 학습 피로도는 올라가고 호기심과 탐구심은 떨어지게 됩니다. 배우는 즐거움보다 "또 해야 해?"라는 부담감이 커지고, 내적 동기보다 외적 압박으로 공부하게 된다면 학습 지속력과 자율성 또한 약해질 수밖에 없습니다.

그래서 초등 시기에는 속도보다 '기초를 어떻게 쌓는가'가 훨씬 중요합니다. 아이의 발달 수준에 맞는 방식으로 국어를 경험하고 익히는 시간이 반드시 필요합니다. 국어교과서는 아이의 발달 단계를 고려해 초등 1학년부터 고등 3학년까지 점진적으로 사고 수준이 깊어지도록 구성된 정교한 교재입니다. 이 체계적인 흐름을 무시하고 고학년 수준의 복잡하고 어려운 교재를 지나치게 빨리 접하게 되면 오히려 학습 효과가 떨어질 수밖에 없습니다.

실제 사례를 보겠습니다. 강남 사교육 현장에서 만난 초등 4학년 두 학생의 이야기입니다. A학생은 부모님의 교육열이 높아 늘 교과서보다 훨씬 어려운 선행 문제집을 풀었습니다. "우리 아이는 중학생 교재도 풀어요"라는 부모님의 자부심과 달리, 정작 아이는 수업에 몰입하지 못했습니다. 교과서 지문과 관련된 질문에 구체적으로 대답하지 못하는 경우가 잦았고, 점차 국어에 대한 흥미도 잃어갔습니다. 반면에 B학생은 A학생에 비해 학습 속도가 눈에 띄게 빠르진 않았습니다. 하지만 교과서를 중심으로 수업에 성실히 참여했고, 배운 내용을 자기 말로 정리하며 차근차근 자신감을 키웠습니다. 자연스럽게 국어에 흥미가 붙으면서 독해력과 표현력이 자라났습니다. 두 학생의 실력 차이는 결국 교과서와 학교 수업에 얼마나 몰입했는지에 있었습니다.

물론 일부 뛰어난 영재들은 선행학습도 무리 없이 소화해 냅니다. 하지만 어린 시절 선행학습에 지친 나머지, 정작 입시를 준비해야 하는 고등학교 시기에 스스로 공부하는 힘을 잃어버린 아이들도 종종 봤습니다. 너무 빨리, 너무 많이 배운 결과 학습 자체의 즐거움과 진짜 공부의 의미를 잃은 것입니다.

한 부모님은 "우리 아이는 국어 지문을 읽지 않고 문제부터 풀어요"라고 말씀하셨는데요. 따로 아이에게 이유를 물어보니 "어차피 정답은 하나잖아요"라고 답했습니다. 이 아이는 국어를 문제 풀이 과목으로만 배운 것이지요. 하지만 글의 흐름이나 맥락을 이해하지 않으면 국어 실력은 절대 자라지 않습니다.

게다가 선행 위주의 학습은 아이와의 대화, 질문, 생각 나눔 같은 소통의 기회를 빼앗습니다. 진짜 실력은 글을 읽고 자기 생각을 꺼내 말해보고, 다른 의견을 들으며 사고를 확장하는 과정에서 성장합니다. 그러나 선행 공부는 아이가 '왜?'라는 질문을 스스로 던질 여지가 적어집니다. 진도를 앞당기고 문제를 많이 푸는 사이에 가장 중요한 '생각의 근육'을 키울 수 있는 기회를 놓치게 되는 것입니다.

국어교과서에는 일상과 연결된 이야기, 문학 작품, 사회적 이슈들이 담겨 있습니다. "소중한 친구란 무엇일까?", "글쓴이의 생각에 동의하는가?"와 같은 질문으로 자연스럽게 이어지는 활동이 교과서 속에 수록되어 있습니다. 반면 선행 교재에는 아이가 공감하기 어려운 어휘와 문장이 많아 재미없게 느껴질 수밖에 없습니다. 결국 흥미는 떨어지고 자신감도 줄어듭니다. 당장은 앞서가는 듯 보이지만, 길게 보면 학습 체력을 갉아먹는 셈입니다. 국어는 아이의 삶과 정서, 사회적 경험과 맞닿아 있을 때 자기 실력이 됩니다.

초등 시기에는 현행 학습, 즉 지금 배우는 내용을 중심으로 깊이 있게 공부하는 것이 가장 중요합니다. 자기 삶과 맞닿아 있는 글을 만났을 때 아이는 자연스럽게 말합니다.

"어? 이거 내 이야기랑 비슷해."
"이거 나도 해봤던 일이야!"

이렇게 느끼고 말할 때 국어 공부를 자신의 삶과 연결된 이야기로 받아들입니다. 현실 속 경험과 이어질 때 글을 더 깊이 이해하고 오래 기억하게 됩니다. 학교 수업 시간에 문학 작품을 읽고 감정을 이입해보는 경험, 친구와의 토론에서 다른 의견을 경청해 보는 경험, 이어 쓰기를 하며 하나의 글을 완성해 보는 활동까지 모두 국어교과서 안에 들어 있습니다. 이런 소중한 경험은 선행학습으로는 얻기 어려운 것들입니다. 특히 입시로부터 비교적 자유로운 초등 시기일수록 교과서와 학교 수업에 몰입하는 경험은 아이에게 강력한 무기가 됩니다.

아이가 교과서를 통해 배운 내용을 읽고 이해하고 질문하고 말하고 정리하는 과정을 하루하루 조금씩 경험할 수 있도록 아이를 믿고 옆에서 지켜봐 주세요. 경험들이 모여 국어 실력으로 이어지고, 나아가 다른 과목에서도 자기주도적으로 배우고 성장하는 아이로 자랄 것입니다.

4 교과서가 낯선 아이, 어떻게 시작할까?

"교과서로 공부하는 게 좋다는 건 알겠어요. 그런데 아이를 책상 앞에 앉히는 일부터가 문제예요."

부모가 아무리 좋은 학습법을 알고 있어도 아이가 따라주지 않으면 소용이 없는데요. 특히 교과서에 익숙하지 않은 아이일수록 처음 접근하는 방식이 중요합니다. 저학년은 집중 시간이 짧고 놀이적 요소를 통해 학습에 흥미를 느끼는 반면, 고학년은 논리적 설명과 성취감을 통해 동기를 얻는 경우가 많습니다. 따라서 각 발달 단계에 맞는 교과서 읽기 습관을 만들어가는 구체적인 방법이 필요합니다.

🌸 저학년은 '놀이처럼' 시작하기

초등 저학년들은 긴 시간 동안 집중하기를 어려워하고 혼자 공부하는 것보다는 함께, 재미있게 하는 활동을 선호합니다. 아이를 억지로 앉히기보다는 가볍고 자연스럽게 다가가는 것이 좋습니다.

방법 1 일주일에 한 번 실천하기

처음에는 일주일에 한두 번, 아주 짧은 시간이라도 교과서를 함께 펼쳐보는 것부터 시작하세요. 이 시기에는 무엇보다 다양한 책을 즐겁게 접하는 독서 경험이 중요합니다. 교과서는 그 중 하나일 뿐이에요. 아이가 교과서와 친해지는 경험을 조금씩 쌓아 주세요.

방법 2 타이머를 3분으로 맞춰놓고 부담을 낮춘 상태에서 시작하기

"지금부터 엄마랑 딱 3분만 교과서 보기 놀이 할 거야"라고 아이의 부담을 낮춘 상태에서 시작하세요. 첫 1분은 교과서 그림을 보며 "뭐가 제일 눈에 띄니?" 하고 이야기를 나누고, 2분이 되면 직접 읽어주거나 한 문장씩 번갈아 읽어보세요. 마지막 1분에는 "방금 봤던 것 중 뭐가 제일 기억에 남아?"라고 아이가 스스로 한마디로 정리해서 말하게 해 보세요. 그리고 꼭! 아쉬울 때 이야기를 멈추세요. "오늘은 여기까지. 내일 또 해보자"라고 끊어주는 것이 다음 동기를 만듭니다.

방법 3 아이가 편안해하는 공간에서 진행하기

공부는 책상 앞에서만 해야 한다는 생각에서 벗어나 보세요. 소파,

식탁, 침대, 심지어 바닥도 괜찮습니다. 앉아 있기를 힘들어한다면 교과서를 들고 걸으면서 읽거나, 블록을 쌓으며 이야기 나누듯 신체 활동과 결합해도 좋아요. "엄마랑 소파에서 3분 동안 딱 하나만 보자" 하며 아이를 안은 상태에서 교과서를 펼쳐도 됩니다. 식탁에서 간식을 먹으며 자연스럽게 교과서 그림을 함께 관찰하는 것도 좋고요. 잠들기 전 침대에서 "오늘 딱 두 쪽만 같이 읽어보자"라며 편안한 분위기에서 읽어주는 것으로도 충분합니다. 중요한 건 책상 앞에 앉는 게 아니라, 아이가 교과서를 친숙하게 느끼도록 하는 것입니다.

방법 4 아이를 다그치거나 완벽한 발음과 속도를 요구하지 않기

아이에게 "왜 이것도 모르니?"라며 다그치거나 완벽한 발음과 속도를 요구하지는 말아주세요. 억지로 책상에 앉히거나 한 번에 많은 분량을 읽히려고 하는 것도 금물입니다. 대신 "와, 네가 설명을 조리 있게 해주니 엄마도 이해가 잘되네"처럼 과정 중심으로 칭찬해 주시고, "틀려도 괜찮아, 다시 해보자"라고 격려해 주세요.

고학년은 '스스로 하도록' 이끌기

초등 고학년이 되면 "나는 어린애가 아니야"라는 마음이 생깁니다. 유치한 방법이나 부모의 일방적인 지시에는 반발하기 쉽고, 왜 해야 하는지를 이해하고 납득해야 움직이는 시기입니다.

방법 1 아이에게 선택권을 주고 질문 중심 대화법으로 이어가기

고학년 아이에게는 선택의 여지를 주는 것이 중요합니다. 자신이 스스로 결정했다는 느낌만으로도 학습에 대한 거리감이 확 줄어듭니다. 또 정답을 곧바로 알려주기보다는 생각할 수 있는 질문을 던져주는 방식이 훨씬 효과적입니다.

👑 고학년 대화 예시

부모 : 오늘은 어디서 교과서를 펴볼까? 네 방이 좋을까, 거실이 좋을까?

아이 : 거실이요.

부모 : 좋아. 15분 할까, 20분 할까?

아이 : 15분이요.

부모 : 그래. 그러면 오늘은 어느 쪽을 읽어볼까?

아이 : 3단원에서 이 부분이요.

부모 : 응. 그럼 읽으면서 중요해 보이는 부분을 한번 골라봐. 그리고 엄마에게 간단히 설명해 줄래?

이처럼 아이의 선택을 존중하고, 생각을 끌어내는 방식으로 대화하면 아이는 자연스럽게 공부를 '내가 주도하는 일'로 받아들이게 됩니다.

방법 2 아이만의 속도를 존중해 주기

하루도 빠짐없이 해내는 것보다 3일에 한 번이든 일주일에 한 번이든 꾸준히 하는 것이 더 중요해요. 다른 아이와 비교할 필요 없이 우리

아이의 리듬과 속도를 따뜻하게 지켜봐 주세요. 부모가 여유를 가지면 아이는 훨씬 가볍고 편안한 마음으로 배움에 다가갈 수 있습니다.

방법 3 임시방편적으로 달래려 하거나
무조건 해야 한다고 강요하는 것은 금물

아이의 의견을 무시하고 일방적으로 진행하거나 완벽한 결과를 요구하는 태도는 경계해야 합니다. 대신 아이의 생각을 끝까지 듣고, 왜 이 활동을 하는지 목적과 이점을 차분히 설명해 주세요. 아이에게 선택지를 제시해 자율성을 보장하고, 결과보다는 과정과 노력의 변화를 구체적으로 인정해 주는 것이 좋습니다.

저학년 방식에서 고학년 방식으로 전환해야 할 때가 있습니다. 아이가 "엄마, 이제 나 혼자 할 수 있을 것 같아요"라는 의사를 표현하거나, 20분 이상 집중해서 앉아 있을 수 있고, 교과서 내용에 대해 자신의 의견을 말하기 시작하며, 칭찬보다는 성취감을 중요하게 여기기 시작할 때가 바로 그 시점입니다. 이런 변화가 보이면 놀이 중심의 접근에서 조금씩 자기주도 학습으로 옮겨가 보세요. 단, 한 번에 전부 바꾸기보다는 하나씩 천천히 적용하는 것이 좋습니다.

여기서 중요한 점은 아이의 학년이 아니라 성향과 현재 상태라는 사실입니다. 모든 5학년이 혼자 공부하기를 좋아하는 것도 아니고, 모든 2학년이 놀이만 선호하는 것도 아닙니다. 어떤 5학년은 여전히 부모와 함께 책 읽는 시간을 즐기고, 어떤 2학년은 혼자 조용히 읽는 걸 좋아할 수 있어요. 그러니 우리 아이의 현재 모습을 세심히 살핀 뒤 그에 맞는 방법을 선택해 주세요. 아이가 편안해하는 방식이 가장 좋은 방법입니다.

2부

국어교과서, 이렇게 써야 진짜 공부다

국어교과서
ROAD 맵 학습법

지금까지 국어와 교과서의 가치, 그리고 초등 시기의 중요성에 대해 말씀드렸습니다. 이제는 아이와 함께 국어 공부를 어떻게 시작하면 좋을지 그 구체적인 방법을 안내해 드리겠습니다.

앞서 말씀드렸듯 제가 교직에 있으면서 관찰한 최상위권 학생들은 공통된 학습 패턴이 있습니다. 마치 정해진 길을 따라가듯 교과서를 중심으로 체계적인 국어 학습을 실천해 왔다는 것이죠. 저는 이 과정을 정리해 영어 단어 Read, Organize, Ask, Develop의 첫 글자를 따서 '국어교과서 ROAD 맵'이라 이름 붙였습니다.

Read (1단계 – 정확히 **읽기**)
Organize (2단계 – 구조적으로 **정리**하기)
Ask (3단계 – 핵심을 향해 **질문**하기)
Develop (4단계 – 지식과 생각 **발전**시키기)

'국어교과서 ROAD 맵'은 최상위권 학생들의 학습 패턴을 누구나 따라 할 수 있도록 체계화한 방법입니다. 1~4단계는 한 번으로 끝나는 과정이 아니라 서로 연결되어 순환합니다. 예를 들어, '발전^{Develop}' 단계에서 새롭게 생긴 궁금증은 다시 '읽기^{Read}' 단계로 이어지고, '질문^{Ask}' 단계에서 나온 아이디어가 '정리^{Organize}' 방식에 변화를 주기도 합니다. 이런 순환 과정을 거치며 아이의 사고력과 표현력은 점차 깊어지고 넓어집니다.

오늘부터 하루 15분씩, 아이와 함께 다음 단계를 실천해 보세요.

Read	교과서 한 쪽을 함께 읽고
Organize	중요한 부분을 찾아 정리하고
Ask	간단한 질문을 던지고
Develop	한 문장으로 표현해 보는 연습

가정에서 ROAD 맵을 실천한다면 다음과 같은 효과를 기대할 수 있습니다.

· 어떤 글을 만나도 체계적으로 접근할 수 있습니다.
· 스스로 중요한 부분을 찾아내는 능력이 길러집니다.
· 질문하는 습관이 자리 잡을수록 사고력이 향상됩니다.
· 논리적으로 생각하고 표현하는 연습을 할 수 있습니다.
· 국어뿐 아니라 다른 과목으로도 학습 역량이 확장됩니다.

🌱 초등 학년별 ROAD맵 적용법

초등 1~2학년
교과서의 글이 짧고 단순하므로, 1단계(읽기)와 2단계(정리)에 집중합니다.
→ 누가 등장했는지, 무슨 일이 있었는지와 같은 기본적인 내용을 파악하면서 읽기에 즐거움을 느끼는 것이 목표입니다.

초등 3~4학년
질문 중심의 3단계(질문)를 추가하여 적극 활용합니다.
→ "왜?", "어떻게?"와 같은 질문을 던지며 글의 내용뿐 아니라 표현 방법과 글쓴이의 의도까지 파악하는 시기입니다.

초등 5~6학년
본격적인 사고력 표현 훈련이 필요한 시기로, 4단계(발전)를 강화해 주세요.
→ 읽은 내용을 바탕으로 토론하거나 발표하면서 논리적으로 생각을 펼치는 힘을 기릅니다.

처음부터 모든 것을 다 알고 완벽하게 가르쳐야 한다는 부담은 내려놓으셔도 괜찮습니다. 아이와 함께 궁금해하고, 함께 찾아보고, 함께 생각을 나누는 든든한 동반자가 된다는 마음가짐이면 충분합니다.

처음에는 하루 3분 정도로 가볍게 시작해 보세요. 익숙해지면 5분, 10분으로 자연스럽게 늘려가면 됩니다. 매일 하지 못해도 괜찮습니다. 주 1~2회라도 꾸준히 이어가는 편이 매일 억지로 하다가 금세 포기하는 편보다 훨씬 의미 있습니다.

모든 단계는 아이의 컨디션과 상황을 세심히 살피며 유연하게 조절해 주세요. 중요한 것은 완벽하게 해내는 게 아니라 지속하는 힘입니다. 부모와 아이 모두에게 무리가 되지 않는 선에서 천천히 시작해 배움이 습관으로 자리 잡을 수 있도록 응원하며 기다려주세요.

🌱 국어교과서 준비 및 관련 안내

국어교과서 ROAD 맵을 원활하게 실천하기 위해 가정용으로 국어교과서 한 권 더 준비하시기를 권합니다. 초등 국어 및 국어 활동 교과서는 전국 공통 국정 교과서이며, 미래엔 출판사 사이트(https://mall.mirae-n.com)에서 구입할 수 있습니다. 집에 교과서가 있으면 언제든 수업 내용을 복습하고 헷갈리는 부분을 바로 확인할 수 있어 아이의 학습 효과가 훨씬 커집니다.

참고로 이 책 본문에 인용되고 있는 초등 국어교과서의 성취 기준과 성취 수준 등은 아래 사이트에서 확인하실 수 있습니다.

· 국가교육과정정보센터 https://ncic.re.kr
· 에듀넷 https://www.edunet.net

지금부터 교과서를 어떻게 읽고, 어떻게 정리하며, 어떤 질문을 던지고, 배운 것을 어떻게 표현할지를 단계별로 안내해 드리겠습니다. 준비되셨나요? 그럼 아이와 함께 국어 교과서를 펼치고 같이 시작해 봅시다.

3장

1단계 Read :
정확히 읽기

교과서를 읽는 방식부터 달라져야 한다

1 학습 목표 한 줄이 공부의 방향을 바꾼다

국어교과서를 펼치면 단원이나 차시의 첫머리에서 반드시 마주하는 문장이 있습니다. 바로 '학습 목표'입니다. 이 짧은 한 줄은 교과서를 읽는 방향을 알려주는 나침반이자 길잡이와도 같습니다. 학습 목표를 읽지 않고 그냥 넘어가는 건 목적지도 없이 길을 나서는 일과 다름없습니다. 공부의 방향을 잃지 않으려면, 가장 먼저 학습 목표를 확인하는 습관을 들이는 것이 중요합니다.

학습 목표는 교육과정의 성취 기준을 바탕으로 신중하게 설계되며, 단원 전체의 핵심을 단 한 줄로 압축해 담고 있습니다. 따라서 이 한 줄을 제대로 이해한다면 방대한 교과서 내용을 훨씬 효율적이고 전략적으로 학습할 수 있습니다. 실제로 국어 실력이 뛰어난 학생일수록 공부를 시작할 때 가장 먼저 학습 목표를 살펴보는 경향이 있습니다. 이번 수업에서 무엇을 배우는지, 공부의 출발선을 정확히 짚고 나아가기 위해서입니다. 반대로 학습 목표를 외면한 채 공부를 시작한다면 아무리 열심히 교과서를 읽어도 방향을 잃은 공부가 될 수 있습니다.

학습 목표 읽는 방법으로 예를 들어보겠습니다.

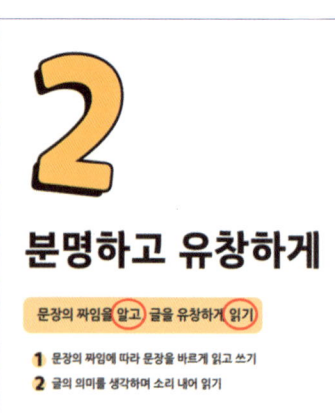

단원명
분명하고 유창하게

학습 목표
문장의 짜임을 알고, 글을 유창하게 읽기

(출처 : 『3학년 1학기 국어(가)』 2단원, 66쪽)

대부분의 학습 목표는 '무엇을 어떻게 할 수 있다'라는 문장 구조로 제시됩니다. 초등 교과서에서는 이 표현을 조금 더 쉽고 부드럽게 바꾸어 '~하기' 형태로 나타내는 경우가 많습니다.

이때 중요한 점은 문장을 통째로 읽기보다, '무엇을'(내용)과 '어떻게'(방법)로 나누어 생각해 보는 것입니다. '무엇을'은 이번 수업에서 배우게 될 핵심 내용이고, '어떻게'는 그 내용을 어떤 방법으로 익히게 될지를 보여줍니다. 이러한 학습 목표는 모두 교육부가 제시한 성취 기준을 바탕으로 만들어지는데요. 3학년 1학기 국어(가) 교과서 2단원에 적용된 다음과 같은 성취 기준을 예로 들어보겠습니다.

· [4국04-03] 문법 : **문장의 짜임을 이해하고** 적절하게 사용한다.
· [4국02-01] 읽기 : 글의 의미를 파악하며 **유창하게 글을 읽는다.**

이 기준에 따라 구성된 학습 목표 문장이 '문장의 짜임을 알고, 글을 유창하게 읽기'라고 되어 있다면, 아래와 같이 분석할 수 있습니다.

· 무엇을 : '문장의 짜임', '글' → 배울 **내용**
· 어떻게 : '알고', '유창하게 읽기' → 활동 **방법**

학습 목표를 이해하는 데 도움이 되는 팁이 하나 있는데요. 바로 사람이나 사물이 하는 행동이나 작용을 나타내는 '동사'에 주목하는 것입니다. 학습 목표에 등장하는 동사는 이 단원에서 어떤 활동을 해야 하는지를 알려주는 중요한 단서입니다. 예를 들어, 위의 '문장의 짜임을 알고, 글을 유창하게 읽기'라는 학습 목표에서는 '알고'와 '읽기'가 핵심 동

학습 목표 문장 속 동사 예시	필요한 활동
'안다', '읽는다'	기억하고 내용 파악하기
'이해한다', '설명한다'	뜻을 알고 자기 말로 설명하기
'분석한다', '비교한다'	내용을 나누고 깊이 생각하기
'표현한다', '만든다'	창의적인 활동 하기

사입니다. 즉, 이 단원을 공부할 때는 문장의 구조를 파악하고, 글을 정확하고 자연스럽게 소리 내어 읽는 활동에 집중해야 함을 의미합니다.

동사는 공부의 수준과 방향을 알려주는 표지판과도 같습니다. 아이와 함께 교과서를 펼쳐 가장 먼저 학습 목표 문장을 살피고 그 안의 동사에 동그라미를 치며 읽어보세요. "이 단원에서는 무엇이 가장 중요할까?", "이건 어떻게 활동하면 될까?" 물어보는 것도 좋은 방법입니다. 동사를 중심으로 학습 목표를 읽는 습관이 자리 잡으면 아이는 교과서를 읽는 것에서 한 걸음 더 나아갑니다. 공부의 방향을 알고 의미를 이해하며 배움으로 연결하는 과정을 자연스럽게 익히게 됩니다.

학습 목표와 본문 연결해 보기

이제 본격적으로 교과서 본문을 읽어볼게요. 이때는 처음부터 끝까지 다 읽는 것보다, 아이에게 학습 목표에 맞춰 어떤 내용을 중심으로 살펴야 할지를 먼저 알려주는 것이 중요합니다. 본문에서 학습 목표와 연결되는 문장이나 활동을 찾아 밑줄을 긋거나 색연필로 표시해 보는 것도 추천하는 방법입니다. 초반에는 부모가 한두 문장을 직접 표시하며 방법을 보여주고, 아이가 점차 스스로 문장을 찾아 "이 부분은 학습 목표랑 이어져 있어요"라고 말할 수 있도록 이끌어주세요. 아이가 학습 목표와 본문 내용을 연결 지으며 읽는다면 이는 능동적인 읽기가 이루어지고 있다는 뜻입니다.

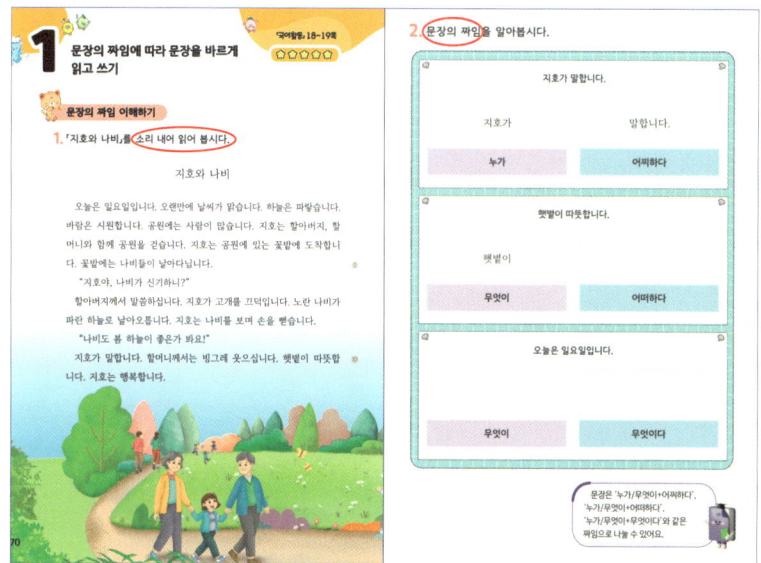

(출처 : 『3학년 1학기 국어(가)』 2단원, 70~71쪽)

앞서 예로 든 단원의 학습 목표가 '문장의 짜임을 알고, 글을 유창하게 읽기'이므로, 본문 활동들 또한 '1. 소리 내어 읽어봅시다', '2. 문장의 짜임을 알아봅시다'처럼 학습 목표와 긴밀히 연계되어 있음을 알 수 있습니다. 빈칸 채우기, 말하기, 쓰기 같은 다양한 활동들도 모두 학습 목표를 달성하도록 체계적으로 설계된 것이지요.

따라서 교과서 활동을 할 때 단순히 문제를 풀거나 빈칸 채우는 데 그치지 말고, 아이에게 "이 활동이 학습 목표와 어떻게 연결될까?"를 생각해 보는 습관을 길러주세요. 활동의 의도와 의미를 함께 탐구하는 이러한 과정이야말로 진정한 공부의 시작입니다.

학습 목표는 단 한 줄에 불과하지만, 이 한 줄을 제대로 이해하고 활용할 줄 알게 되면 아이의 공부 방향은 훨씬 선명해집니다. 단원 전체의 핵심이 담긴 이 소중한 문장을 그냥 지나치느냐, 아니면 오늘 배움의 중심으로 삼느냐의 차이는 곧 실력의 차이로 이어집니다.

2 '다음 글'을 반드시 읽은 후 물음에 답해야 한다

'다음 글을 읽고 물음에 답해 봅시다'라는 지시문은 교과서뿐 아니라 학습지나 시험지에도 매우 자주 등장합니다. 익숙하다 보니 대수롭지 않게 넘기기 쉽지만, 실제로 교과서 활동이나 평가에서 어려움을 겪는 아이들을 보면 이 지시문을 제대로 읽지 않고 문제를 푸는 경우가 많습니다.

고등학생 중에서도 평소 수업에서는 뛰어난 실력을 보이지만 정작 시험에서는 기대에 못 미치는 결과를 얻는 학생들이 있습니다. 원인을 분석해 보면 대부분 '다음 글'을 충분히 읽지 않았거나, 글 내용은 무시한 채 자신의 배경지식만으로 문제를 해결하려 했기 때문이었습니다. 즉, 글을 바탕으로 문제를 해결하지 않았지요. 아깝게 틀린 게 아닙니다. 제대로 읽지 않았으니 당연히 틀릴 수밖에 없었던 것입니다.

이 지시문 속에는 2가지 핵심 의미가 담겨 있습니다.

'다음 글을 읽고'	바로 이어지는 글이 문제 해결의 핵심 단서라는 뜻입니다. 다시 말해, '답은 이 글 안에 있으니 반드시 이 글을 근거로 삼아야 한다'라는 힌트를 주는 문장입니다.
'물음에 답해 봅시다'	글을 읽을 때는 '물음에 대한 답을 찾으면서 읽는다'라는 분명한 목적을 가지고 전략적으로 읽으라는 의미입니다.

즉, 이런 유형의 문장은 '답을 얻기 위해 읽는 방식부터 달라져야 한다'라는 전략적인 지시입니다. 겉으로는 평범한 지시문처럼 보이지만, 이를 대수롭지 않게 넘기면 결국 직감에 의존해 문제를 푸는 습관이 자리 잡게 됩니다. 그러면 학년이 올라갈수록 학습의 깊이를 방해하는 큰 걸림돌이 되지요. 따라서 이러한 지시문을 만났을 때는 글과 질문을 긴밀히 연결 지으며 읽는 연습을 꾸준히 해나가는 것이 무엇보다 중요합니다.

4학년 1학기 국어(가) 교과서 1단원 62~67쪽의 '질문을 만들어 내용을 짐작하며 글 읽기'라는 학습 목표와 관련한 교과서 활동 지시문을 예로 들어보겠습니다.

1) 읽기 전 활동
· 글을 읽기 전에 **질문**을 만들고 답하며 내용을 **짐작**해 봅시다.

2) 읽기 중 활동

· 내용을 **짐작**하는 **질문**을 만들며 「씨앗을 부탁해」를 읽어 봅시다.

3) 읽기 후 활동

· 「씨앗을 부탁해」를 읽고 물음에 답해 봅시다.
· 낱말의 뜻을 보고 '보기'에서 알맞은 낱말을 찾아 써 봅시다.
· 「씨앗을 부탁해」를 읽으면서 만든 **질문**을 떠올리며 물음에 답해 봅시다.
· 다른 글을 더 찾아 읽으며 **질문**을 만들어 내용을 짐작해 봅시다.

이 단원 학습 목표의 핵심인 '질문'과 '짐작'이라는 단어가 교과서 활동 지시문 속에 반복해서 등장합니다. 이는 아이에게 '내용을 짐작하고 스스로 질문을 만들면서 읽어야 한다'라는 분명한 신호를 보내고 있습니다. 이 신호를 의식하며 읽는 것과 글자를 따라 그냥 읽는 것 사이에는 큰 차이가 있습니다. 활동을 제대로 수행하기 위해서는 눈으로만 읽는 게 아니라, 글의 의미를 정확히 파악하고 놓치지 않는 정독이 필요합니다.

문제를 잘 푸는 아이는 결국 문제를 잘 '읽는' 아이입니다. 제대로 읽어야만 복잡한 지문 속에서도 방향을 잃지 않고 전략적으로 접근할 수 있기 때문입니다. 따라서 '다음 글을 읽고 물음에 답해 봅시다'라는 문장을 만날 때마다 "아, 바로 뒤 글 안에 답이 있구나", "그냥 읽는 게 아니라 목적을 가지고 읽으라는 뜻이구나"라고 아이가 생각을 전환할 수 있도록 도와주세요.

오늘부터 아이와 함께 학습 목표나 지시문을 먼저 살펴보는 것부터 시작해 보세요. "이 문제는 어떤 방향으로 읽어야 할까?"라고 짚어 주면서, 천천히 습관을 만들어 가면 됩니다. 이렇게 시작한 습관이 쌓이면, 국어뿐 아니라 수학의 문장제, 과학의 탐구 설명, 사회의 도표 등 모든 교과로 확장되어 활용할 수 있는 강력한 읽기 전략으로 발전합니다.

3 작은 글씨·정보 상자 속 핵심 찾기

교과서를 읽다 보면 다양한 크기와 형태의 글씨들이 눈에 띕니다. 특히 본문 하단이나 측면에 있는 작은 상자 속에는 해당 단원에서 다루는 개념이나 용어의 정의를 담은 경우가 많습니다. 이 상자 속 내용들은 교과서에 의도적으로 배치한 핵심 메시지이기도 합니다.

예를 들어, 4학년 1학기 국어(가) 교과서 2단원의 '서로 다른 의견'에서는 단원의 주요 개념인 '의견'이라는 용어가 정보 상자로 제시됩니다. 이때 '의견'이라는 단어는 좀 더 굵고 크게 표시되어 있어 눈에 잘 들어옵니다.

어떤 일이나 대상 따위에 대해 가지는 생각을 **의견**이라고 해

> 요. **의견**을 말할 때에는 **의견**을 뒷받침하는 이유도 함께 말해야 해요.

(출처: 『4학년 1학기 국어(가)』 2단원 '서로 다른 의견', 80쪽)

적재적소에 등장하는 정보 상자의 내용은 아이들이 해당 단원의 개념을 정확히 이해하고 올바르게 사용할 수 있도록 돕는 중요한 역할을 합니다. 어려운 어휘나 배경지식 등이 담긴 정보 상자를 꼼꼼히 짚어 읽으면 글의 맥락을 더 잘 이해할 수 있고, 깊이 있는 학습으로 나아갈 수 있습니다.

또한 본문에서 충분히 다루지 못한 내용이나 심화 학습을 위한 추가 정보를 정보 상자로 보완하는 경우가 많습니다. 예를 들어, 3학년 1학기 국어(가) 교과서 1단원 '생생하게 표현해요'에는 '감각적 표현의 재미를 느끼며 시 감상하기'와 '표정과 몸짓, 목소리나 말투로 표현하기' 두 개의 소단원이 실려 있는데, 곳곳에 배치된 정보 상자가 3학년 아이들의 수준에 맞게 표현과 관련된 개념의 이해를 돕고 있습니다. 게다가 가볍게 넘어가기 쉬운 이 단원의 마지막 부분에 있는 정보 상자 역시, 자세히 들여다보면 중·고등학교 국어와도 연결되는 비교적 어려운 개념까지도 다루고 있음을 알 수 있습니다.

> 부엌에서[부어케서]', '무릎을[무르플]'과 같이 받침이 있는 낱말 뒤에 모음이 오면 받침소리를 그대로 모음에 이어 발음해

> 요. 그런데 '안', '위'처럼 뜻을 지닌 낱말이 오면 받침소리를 다른 소리로 바꾼 뒤에 모음에 이어 발음해요.

(출처 : 『3학년 1학기 국어(가)』 1단원 '생생하게 표현해요', 64쪽)

초등학교 3학년에게는 심화 내용이 다소 어려울 수 있지만, 교과서에 이러한 내용을 포함한 이유는 아이의 현재 수준에서 앞으로 배워야 할 내용을 자연스럽게 연결하기 위함입니다. 정보 상자는 지금 당장 모두 이해하라는 뜻이 아니라, 학습 목표와 관련된 활동을 하면서 '이런 내용도 있구나' 하고 가볍게 인지하도록 돕는 역할을 합니다.

따라서 아이가 어려운 내용을 만나면 "지금은 한번 들어보기만 해도 충분해. 나중에 더 깊이 배우게 될 거야"라는 긍정적인 마음가짐을 갖도록 해주는 것이 좋습니다. 이렇게 어려운 개념을 미리 접하게 되면 나중에 중·고등학교에서 만났을 때 훨씬 수월하게 이해할 수 있습니다.

저학년 정보 박스 활용법

저학년 교과서에는 작은 글씨나 정보 상자가 많은 편이 아니지만 종종 모르는 단어가 나올 때가 있습니다. 이럴 때는 부모가 함께 사전을 찾아보거나, 실생활 속 예시로 자연스럽게 풀어 설명해 주면 좋습니다.

1학년 2학기 국어(나) 8단원 '느끼고 표현해요'에는 '장면을 상상하며 읽고 느낌 나누기' 관련 활동과 함께 전병호 시인의 「감기」라는 작품이 수록되어 있습니다. 하단의 정보 상자를 예로 들어보겠습니다.

시 속 인물의 마음을 생각하며 낭송해 봐요.

(출처: 『1학년 2학기 국어(나)』 8단원 '느끼고 표현해요', 272쪽)

위의 정보 상자를 통해 다음과 같은 대화를 아이와 나눌 수 있습니다.

👑 일상 대화 예시

부모: 우리 이 시 속에 나오는 인물의 마음을 생각하며 같이 낭송해 보자.

아이: 근데 '낭송'이 무슨 뜻이에요?

부모: 낭송은 글이나 시를 소리 내어 예쁘게 읽는 걸 말해. 그 내용에 어울리는 어조로 리듬감 있게 읽는 거야.

아이: 그럼 노래처럼 읽는 건가요?

부모: 비슷해. 노래처럼 음을 붙이지는 않지만, 목소리에 감정을 담아서 읽으면 좋지.

아이: 아, 기분까지 생각하면서 읽는 거군요.

부모: 맞아. 읽으면서 시에 담긴 느낌을 함께 느껴보는 거야. 이렇게 시를 '낭송'하면 주인공의 마음도 더 잘 이해할 수 있어. 이 시 속에 나오는 사람은 지금 어떤 마음일 것 같아?

이런 대화를 통해 아이는 단어의 뜻뿐 아니라 글 속의 감정과 상황까지 이해하게 되어 어휘력과 문해력이 함께 발달합니다. 특히 아이가 "이건 무슨 뜻이야?"라고 물어올 때는 중요한 학습 기회이니 그 순간을 놓치지 말고 함께 이야기 나누어주세요.

저학년 시기는 부모가 교과서를 함께 읽으며 낯선 단어나 표현을 대화 속에서 풀어주는 것이 효과적입니다. 뜻풀이에 그치지 말고 아이의 일상 경험과 연결해 설명하고, 아이가 직접 새로운 문장을 만들어보는 경험까지 이어갈 수 있다면, 아이의 문장이 서툴러도 괜찮습니다. 스스로 의미를 이해하고 적용해 보는 과정 자체가 이미 값진 학습이니까요.

고학년 정보 박스 활용법

고학년으로 접어들면 교과서 속 작은 글씨와 정보 상자에 담긴 내용을 표시하고 정리하는 습관을 길러주세요. 소단원을 읽은 뒤 개념이나 용어의 뜻을 찾아보고 스스로 내용을 정리하는 과정을 통해 어휘력을 꾸준히 쌓아가야 합니다. 또한 점차 자기주도적 학습 능력이 커지는 시기이므로 정보 상자를 기반으로 확장된 사고를 할 수 있도록 지도하는 것이 효과적입니다. 인터넷이나 도서관에서 관련된 정보를 찾아보는 활동은 아이의 지적 호기심을 자극하고 심화 이해를 돕습니다.

4학년 2학기 국어(가) 2단원 '우리 말 우리 글'에는 우리말 사용에 대하여 조사해 보고하는 글 쓰기 활동이 있습니다.

> 자료를 수집할 때에는 조사 주제와 관련 있는 것으로 수집해야 해요. 또 조사한 자료에 틀린 점은 없는지, 출처가 분명한지 따위를 살펴 신뢰할 수 있는 정확한 자료를 수집해야 해요.

(출처: 『4학년 2학기 국어(가)』 2단원 '우리 말 우리 글', 102쪽)

마찬가지로 부모는 아이와 다음과 같은 대화를 나눌 수 있습니다.

👑 일상 대화 예시

부모 : 이 정보 상자에서는 자료를 수집할 때 뭘 주의하라는 것 같아?

아이 : 틀린 내용이 있는지, 출처가 분명한지 살펴보라고 했어요.

부모 : 맞아. 그러면 만약 누군가 인터넷에서 어느 블로그에 있는 글을 그대로 가져왔다면 그건 믿을 수 있는 자료일까?

아이 : 아니요, 그건 출처도 없고 누가 쓴 건지도 모르니까요.

부모 : 그렇지. 그래서 출처 확인이 중요하다는 거야. 그러면 우리도 조사 주제에 맞는 정확한 자료를 한번 찾아보자.

이처럼 정보 상자의 핵심 개념을 질문하며 아이의 생각을 끌어내는 훈련은 매우 중요합니다. 아이가 스스로 조사 주제를 정하고 관련 자료를 찾아 정리해 보는 활동을 하도록 지도하면, 정보 활용 능력과 사고력이 동시에 성장합니다. 특히 고학년이 될수록 작은 글씨로 적힌 내용을 자기 말로 다시 정리하고 이를 바탕으로 탐구와 표현 활동까지 이어가는 힘을 키워야 합니다. 중·고등학교에서는 교과서 전체가 시험 범위이므로 작은 글씨 하나도 소홀히 여기지 않고 꼼꼼히 읽고 실천하도록 도와주세요. 작은 습관이 쌓여 결국 자기주도적 학습 태도와 성장의 발판이 됩니다.

4 교과서의 다양한 활동은 버리지 말고 살려라

　국어교과서를 펼치면 단원마다 빠짐없이 '답해 봅시다', '읽어 봅시다', '정리해 봅시다'와 같은 다양한 활동이 등장합니다. 이런 활동을 대부분 단순한 과제나 형식적인 절차로 여기지만, 사실 읽기 실력을 끌어올려 주는 핵심 도구입니다. 실제 제가 관찰한 최상위권 학생들은 교과서 활동을 적극적으로 활용하여 읽은 내용을 완전히 자기 것으로 만듭니다. 이런 방식은 논술형이나 서술형 평가에서도 자신 있게 답할 수 있는 실력으로 이어집니다. 한 학생은 제게 이렇게 말했습니다.

　"저는 교과서 활동을 풀 때 말로 먼저 답해보고 나서 써요. 그러면 제가 읽은 것 중 잘 모르는 부분이 무엇인지 확실히 알 수 있고 정리도 훨씬 잘되거든요."

4학년 1학기 국어(가) 교과서 2단원 '자신의 생각과 비교하며 글 읽기'(90~93쪽)에 수록된 활동들을 자세히 살펴보겠습니다. 국어의 각 영역을 종합적으로 다룰 수 있도록 설계되어 있음을 알 수 있습니다.

교과서 활동에 따라 배우는 영역

교과서 활동	배우는 영역 및 내용	
"통컵은 하나면 충분합니다."의 의미에 대해 친구들과 생각을 나누어 봅시다.	말하기·듣기	타인과의 소통을 통한 사고 확장
글쓴이의 의견을 파악하며 「하나면 충분합니다」를 읽어봅시다.	읽기	글의 주요 내용 파악
「하나면 충분합니다」를 읽고 물음에 답해 봅시다.	읽기	정확한 독해력 점검
「하나면 충분합니다」에 나온 문장을 사실과 의견으로 구분해 ○표를 하고, 그렇게 생각한 까닭을 짝에게 설명해 봅시다.	말하기·듣기	이해한 내용을 자기 언어로 표현하기
글쓴이의 의견을 파악하는 방법을 <보기>에서 골라 써 봅시다.	어휘/쓰기	어휘력 및 문해력 점검
「하나면 충분합니다」에 대한 친구들의 생각을 살펴보고, 글쓴이의 의견을 파악해야 하는 까닭을 정리해 봅시다.	쓰기	논리적 사고와 근거 제시 능력 기르기

'말하기 → 듣기 → 읽기 → 어휘 → 쓰기' 과정이 자연스럽게 연결되도록, 아이들의 인지 발달 단계를 고려해 균형 있게 배치되어 있습니다. 모든 활동을 마치면 해당 단원의 학습 목표를 순조롭게 달성할 수 있도록 구성되어 있습니다.

특히 '글쓴이의 의견과 자신의 의견을 비교해 봅시다'라는 교과서 활동을 통해 아이의 사고력을 더욱 확장할 수 있습니다. 같은 활동이라도 아이에게 어떤 질문을 던지느냐에 따라 사고의 깊이가 달라집니다. 아래 단계별 사고 질문을 참고하여 아이와 대화를 이어가 보세요.

👑 단계별 사고 질문

· **분석** : 글쓴이가 이렇게 생각하는 진짜 이유는 무엇일까?
· **비교** : 너의 생각은 어때? 글쓴이의 의견과 비교해 보면 어떤 차이가 있을까?
· **확장** : 이 글을 읽기 전과 후에 네 생각이 바뀐 부분이 있어?
· **적용** : 만약 네가 글쓴이라면 어떤 사례를 더 들었을까?
· **창의** : 글쓴이의 입장과 반대되는 내용으로 글을 쓴다면 어떤 내용을 담아야 할까?

이 중 '비교' 유형을 예로 들어보겠습니다. "너의 생각은 어때? 글쓴이의 의견과 비교하면 어떤 차이가 있을까?"라는 질문을 바탕으로 아이의 답변 과정을 따라가면서, 사고의 깊이가 어떻게 확장되는지 단계별로 점검해 보세요.

교과서 활동 자체뿐만 아니라 위처럼 활동 후 나누는 후속 질문도 사고력 확장에 도움이 됩니다. 아이가 머릿속 생각을 말로 표현하고 확장할 수 있는 발판을 마련해 주는 것이 바로 이 후속 질문들이지요.

물론 처음부터 완벽하고 깊이 있는 답변을 기대하기는 어렵습니다. 하지만 절대 서두르지 마시고 아이의 답변을 끝까지 경청해 주세요. 적절한 방향을 제시하며 생각을 한 단계씩 끌어올려 주는 대화를 이어가

단계별 사고 질문에 따른 답변 과정 3단계

		"너의 생각은 어때? 글쓴이의 의견과 **비교**하면 어떤 차이가 있을까?"	
1단계	표면적 이해 (대부분의 아이가 머무는 수준)	"글쓴이랑 생각이 같아요." "글쓴이는 A라고 했지만 저는 B라고 생각해요."	'같다/다르다'를 구분하는 수준에서 출발합니다. 이유나 근거는 아직 부족합니다.
2단계	구체적 분석 (상위권 아이들의 출발점)	"글쓴이가 A라고 말한 이유는 ~ 때문인 것 같아요. 하지만 저는 B라고 생각하는데, 그 이유는 제가 ~한 경험이 있기 때문이에요."	자신의 경험과 사례를 근거로 제시하며 논리의 흐름이 생깁니다. 주장과 이유가 짝을 이룹니다.
3단계	깊이 있는 성찰 (최상위권 아이들의 특징)	"글쓴이의 의견 중 일부는 공감하지만, 다른 부분은 다르게 생각해요. 예를 들어 저는 ~한 상황을 겪으면서 ~라고 느꼈고, ~에 대한 자료도 확인했어요. 그런 점에서 보면 글쓴이의 관점이 조금 한쪽으로 치친 것 같아요."	텍스트 근거와 개인 경험, 참고 자료를 연결해 관점을 평가하고 한계를 짚습니다. 조건·예외까지 고려하는 사고로 확장됩니다.

보세요. 아이는 시간이 흐를수록 더 논리적이고 깊이 있게 사고하는 능력을 습득하게 될 테니까요.

👑 단계별 후속 질문 예시

1) 1단계에서 2단계로 나아갈 때

"아, 그렇구나. 그렇게 생각한 이유도 말해줄 수 있어?"

→ <u>의견 표현에서 벗어나 자신의 생각에 근거를 더하도록 이끄는 질문입니다.</u> 아이가 왜 그렇게 생각했는지 스스로 되돌아보며 논리적

사고의 첫걸음을 떼도록 도와줍니다.

2) 2단계에서 3단계로 발전할 때

"네 경험에서 나온 생각이니 충분히 이해된다. 그런데 혹시 너와 반대되거나 다른 경험을 한 친구는 뭐라고 말할 것 같아?"

→ 자신의 관점에 머물지 않고 더 넓은 시각으로 문제를 바라보도록 돕는 질문입니다. 다양한 관점을 고려하는 균형 잡힌 사고력을 갖도록 도와줍니다.

교과서 활동의 목적은 정답을 맞히는 데 있지 않습니다. 배운 내용을 얼마나 이해했는지를 스스로 점검하고, 부족한 부분을 찾아 보완하는 힘을 기르는 데 더 큰 의미가 있습니다. 이를 '메타인지 능력'이라고 합니다. 자신의 학습 상태를 스스로 살피고 조절하는 능력을 말합니다. 메타인지 능력이 발달한 아이는 "내가 이 부분을 정말 이해한 게 맞을까?", "왜 이 문제를 틀렸을까?", "다음에는 어떻게 해야 더 잘할 수 있을까?"와 같은 질문을 스스로 던지고 답해나가는 과정을 통해, 배움의 방향을 조절할 줄 아는 학습자로 성장할 수 있습니다.

국어 시험이 있던 날, 끝나자마자 시험지를 들고 제게 달려와 이렇게 말했던 한 학생이 떠오릅니다.

"아, 선생님. 너무 아쉬워요. 진짜 열심히 공부했는데 비슷한 문제에서 또 틀렸어요. 저는 소설은 괜찮은데, 시에서 이런 질문만 나오면 꼭 헷갈려서 하나씩 틀리더라고요. 다음 시험에서는 시 부분을 더 보강해서 꼭 100점으로 찾아뵐게요."

이 학생은 자신이 무엇을 알고 무엇을 모르며, 어떤 부분을 어려워하는지를 정확히 파악하고 있었습니다. 게다가 스스로 해결책까지 찾고 있었지요. 이것이 바로 메타인지의 힘입니다. 메타인지 능력이 있는 아이는 과목이나 문제 유형이 바뀌어도 스스로 질문하고 답하는 과정을 통해 해결 방법을 찾아갑니다.

따라서 교과서 활동을 그대로, 또는 변형하여 하루에 한 가지 질문이라도 던져보며 "정말 제대로 이해했는가?"를 확인하는 습관을 들이길 바랍니다. 처음에는 부모님과 함께 시작하겠지만, 연습을 거듭하다 보면 아이 스스로 생각하고 점검하며 차근차근 해결책을 찾아가는 힘, 즉 메타인지 능력을 키워나갈 수 있습니다.

5 삽화·사진·도표까지 읽는 문해력 확장 훈련

"요즘 교과서는 정말 화려하네요!"

최근 아이들의 교과서를 보면 절로 감탄이 나옵니다. 이야기 글 옆에는 장면을 생생하게 보여주는 삽화가 있고, 설명문 옆에는 관련 사진과 정리된 도표가 함께 배치되어 있습니다. 우리가 어린 시절에 보던 글자 위주의 흑백 교과서와는 확연히 다른 모습이지요. 이런 교과서의 변화는 단순히 디자인 기술이 발전해서만이 아닙니다. 오늘날은 글보다 이미지를 통해 더 많은 정보를, 더 빠르게 전달하는 시대이기 때문입니다. 그리고 앞으로 우리 아이들이 살아갈 미래는 지금보다 훨씬 더 시각 중심적인 세상일 것입니다.

그런 맥락에서 교과서의 시각 자료들은 글로 풀면 길고 복잡해질 내용을 직관적으로 보여주어 이해를 돕는 학습 요소입니다. 즉 삽화, 사진, 도표 역시 '읽어야 하는 텍스트'라는 뜻이지요. 그 안에 담긴 의미를 파악하고 정보를 해석하는 능력이 필요한 겁니다. 그러나 현실은 어떤가요? 많은 아이들이 글자만 집중해서 읽고, 그림이나 사진은 대충 훑고서 지나가 버립니다. 교과서의 상당 부분을 차지하는 시각 자료를 사실상 놓치고 있는 셈입니다.

국어교과서 속 시각 자료의 종류는 매우 다양합니다. 이야기의 분위기와 감정을 생생하게 전달하는 삽화, 내용을 직관적으로 이해하도록 돕는 사진, 복잡한 정보를 한눈에 정리해 주는 도표와 그래프까지 모두 포함됩니다. 예를 들어, 글만 읽었을 때는 잘 와닿지 않던 주인공의 감정이 한 장의 그림에서 확연히 드러날 때가 있습니다. 인물의 표정에서 슬픔이나 기쁨이 드러나고, 몸짓이나 배경의 색감이 이야기 전체의 분위기를 형성하기 때문입니다. 이처럼 시각 자료를 살펴보면 이야기를 더욱 깊이 이해할 수 있습니다.

2학년 1학기 국어(나) 8단원에 수록된 아놀드 로벨 작가의 「편지」를 예로 들어볼게요. 이 작품은 두꺼비네 집에 개구리가 찾아오면서 시작됩니다. 삽화를 보면 얼굴을 감싸 쥐고 입꼬리가 내려간 슬픈 표정의 두꺼비가 현관 난간 앞에 쪼그려 앉아 있고, 개구리는

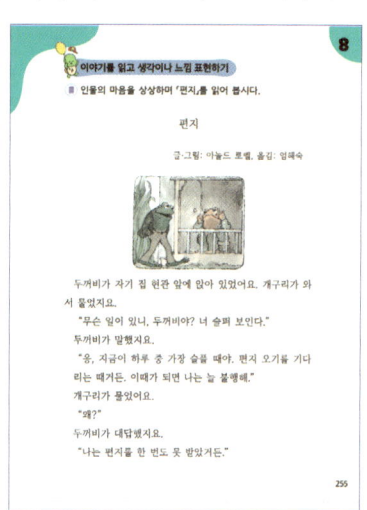

(출처: 『2학년 1학기 국어(나)』 8단원, 255쪽)

양손을 호주머니에 넣은 채 밝은 표정으로 웃으며 활기차게 걸어오고 있습니다. 삽화를 통해 두 인물의 표정과 행동, 그리고 밝고 어두운 색감이 대비된다는 것을 알 수 있지요. 이런 시각 정보는 글로 다 표현되지 않은 두꺼비의 외로움과 소외감, 그리고 영문을 모르는 개구리의 어리둥절함을 보다 효과적으로 전달합니다. 이처럼 교과서 속 시각 자료에는 많은 정보가 숨어 있습니다.

그렇다면 그림이나 사진을 '보는' 수준에서 벗어나 아이와 함께 제대로 '읽는' 활동을 어떻게 할 수 있을까요? 시각 자료 읽기 연습을 도와줄 질문 3단계를 소개합니다.

시각 자료 읽기 질문 3단계

1단계	전체 장면을 먼저 훑기	· 이 장면에서 제일 먼저 눈에 들어오는 게 뭐니? · 지금 어떤 상황이 벌어지고 있는 것 같아?
2단계	세부 요소를 질문하며 관찰하기	· 인물의 표정이나 몸짓을 보면 어떤 기분일 것 같아? · 배경이나 색깔은 어떤 느낌을 주는 것 같아? · 그림 속에서 계절, 날씨, 감정 등이 어떻게 표현되어 있니?
3단계	그림 속 정보와 글 내용 연결하기	· 이 그림은 글 속의 어떤 문장을 그림으로 옮긴 걸까? · 글에서 설명한 특징이나 상황이 어떻게 그려진 것 같아?

이때 그림과 관련된 글 내용을 직접 '메모'로 연결하는 방법을 추천합니다. 예를 들어, 주인공이 울 듯이 웃는 표정을 담은 그림 아래에 '본문 37쪽 '기쁨이 북받쳤다'와 연결됨'이라고 적어두는 것이죠. 모든 내용을 다 기록할 필요는 없지만 생소한 표현에 대해 그림 속 장면과 글 속 문장을 적어두면 나중에 복습할 때 시각적 이미지와 문장이 함께 떠

올라 더 쉽게 이해할 수 있고 선명하게 기억할 수 있습니다.

한편, 설명문·논설문·사회과학 지식 글처럼 정보 전달이 중요한 글에서는 사진, 도표, 개념도, 구조도, 그래프 등의 첨부 자료가 핵심 역할을 합니다. 고학년일수록 제시문이 전달하려는 의미를 온전히 파악하며 함께 읽는 연습이 필요합니다.

5~6학년 교과서에는 환경 관련 설명문이 자주 등장하는데요. 기후 변화를 다루는 글과 그에 첨부된 그래프를 예로 들어보겠습니다.

설명하는 글

기후 변화는 오랜 시간에 걸쳐 지구의 평균 기온이 서서히 변하는 현상을 말합니다. 지난 170년 동안 지구의 표면온도는 꾸준히 상승해 왔습니다. 그 결과, 예전에는 눈이 자주 내리던 지역에서도 이제는 눈을 보기 어려운 경우가 많아졌습니다. 이렇게 조금씩 달라지는 날씨는 우리 일상에도 다양한 영향을 미치고 있습니다.

지구의 연평균 표면온도(1850-2020)

(출처 : 기후변화 2023 종합보고서 (IPCC 제6차 평가보고서), 기상청 기후정보포털 국문본, 43쪽)

2부. 국어교과서, 이렇게 써야 진짜 공부다

그래프나 차트는 복잡한 숫자나 정보를 한눈에 들어오도록 보여주는 도구입니다. 아이와 함께 볼 때는 먼저 제목과 축 이름, 단위부터 차근차근 확인합니다. 그다음 전체적인 흐름을 살펴보는 것이 좋습니다.

위에 제시된 설명하는 글만 읽으면 "해마다 조금씩 더워지고 있구나" 정도로만 생각하기 쉽습니다. 그런데 최근 170년간의 기온 변화 그래프까지 보면 산업화가 발달한 1970년대 이후 기온이 얼마나 가파르게 상승했는지가 단번에 이해됩니다. 이처럼 시각 자료는 현상을 더 깊이 분석하고 이해하는 힘을 길러주는 핵심 도구입니다.

시각 자료 읽기 연습을 도와줄 활동 3가지를 소개하겠습니다.

시각 자료 읽기 활동

교과서 그림 묘사하기	교과서 속 그림을 자세히 묘사하게 해주세요. 이때 '누가, 무엇을, 어디서, 어떻게 하고 있는지'를 구체적으로 말하게 하면 좋습니다.
예측하기 게임	글을 읽기 전에 그림만 보고 이야기가 어떻게 전개될지 예측해 보고, 실제 글을 읽은 후 예측과 비교해 보도록 합니다.
그래프 찾기	뉴스나 신문에서 다양한 그래프와 차트를 찾아보고, 그것이 무엇을 설명하는지 아이가 직접 해석해 보게 합니다.

이처럼 교과서 속 시각 자료는 단순한 보조 자료를 넘어 글의 의미를 완성하는 또 하나의 언어입니다. 이제부터는 아이에게 이렇게 말해주세요.

"그림도 글처럼 읽어야 해."

사실 시각 자료를 읽는 능력은 아이들의 일상생활과도 연결되어 있습니다. 지금의 아이들은 SNS의 사진과 영상, 광고 이미지, 뉴스 그래프, 각종 프레젠테이션 자료 등 다양한 시각 정보를 접하며 지내고 있으니까요. 이때 도움이 되는 것이 '시각적 문해력Visual Literacy'입니다. 시각적 문해력은 이미지를 이해하고 의미를 해석하며 비판적으로 평가할 수 있는 능력을 말합니다.

이 능력을 갖춘 아이들은 글자로만 정보를 받아들이는 아이들보다 더 폭넓게 사고하는 경향을 보이는데요. 실제로 시각 자료를 잘 활용하는 아이들은 교과서 내용을 보다 깊이 이해하고, 자기 생각을 표현할 때도 글과 그림을 자연스럽게 함께 사용합니다. 이처럼 시각적 문해력을 기르는 연습을 하면 아이들이 다양한 정보들 속에서도 차분하게 판단하고 스스로 생각할 수 있는 힘을 길러주는 좋은 바탕이 됩니다.

6 연결어로 흐름 잡는
문해력 내비게이션

아이가 글을 읽다가 "너무 길어서 무슨 말인지 모르겠어요"라고 할 때, 어떻게 도와주면 좋을까요? 이럴 때는 "다시 한번 천천히 읽어봐"라는 말과 함께 '연결어'를 활용한 독해 방법을 아이에게 알려주세요. 내비게이션이 "300m 앞에서 우회전하세요"라고 미리 알려주듯, 연결어 또한 "이제 앞과 반대되는 내용이 나올 거예요" 또는 "여기서 결론이 나올 거예요"라고 독자에게 안내하는 역할을 합니다. 그래서 긴 글을 읽을 때는 연결어가 문장과 문장을 어떻게 연결하고 있는지 살펴보는 것이 큰 도움이 됩니다.

개별 단어의 뜻은 잘 알고 있는데도 문장들이 어떻게 이어지고 전체적으로 어떤 흐름을 만드는지는 잘 파악하지 못하는 아이들이 많습니다. 아래 간단한 문장으로 예를 들어볼게요.

"나는 오늘 친구와 싸웠다. 그러나 우리는 곧 화해했다."

이 문장을 제대로 이해하려면 2가지를 알아야 합니다. 하나는 '싸웠다'와 '화해했다'라는 사실이고, 또 하나는 '그러나'라는 연결어가 두 사실이 대조되는 관계임을 보여준다는 점입니다. 이때 연결어를 놓치면 아이는 두 문장을 단순히 나열된 사실로만 받아들일 수 있어요.

연결어 중심으로 읽는 것은 글 전체의 흐름과 구조를 파악하는 데 매우 유용한 읽기 방법이며, 다음과 같은 이점을 갖고 있습니다.

연결어를 중심으로 읽었을 때

· 문장들 사이의 관계가 명확해집니다.
· 글의 흐름을 머릿속에서도 정리할 수 있습니다.
· 중요한 전환점이나 결론 부분을 쉽게 찾을 수 있습니다.
· 읽은 내용을 말하거나 글로 표현하는 힘이 자연스럽게 길러집니다.

집에서 바로 해보는 연결어 독해 연습

독해 연습 1 연결어에 색연필 표시하기

글에서 연결어가 나올 때마다 아이가 직접 색연필로 표시하도록 알려주세요. "여기 '그래서'가 나왔네. 앞 문장과 어떤 관계일까?", "'하지만' 다음에는 무슨 내용이 나올 것 같아?" 하고 자연스럽게 연결어의 역할을 알아가도록 도와주는 것이 첫걸음입니다.

독해 연습 2 연결어로 앞뒤 문장 이어보기

본문에서 연결어를 사이에 둔 문장 2개를 찾아 연결어를 가린 후, 알맞은 연결어를 넣어보는 방법입니다. 스스로 연결어를 선택하는 연습을 하면서 문장의 흐름을 생각하며 읽는 훈련을 해봅니다.

· 오늘은 비가 왔다. (　　) 우산을 챙겼다. → [그래서]

· 오늘은 비가 왔다. (　　) 우산을 안 챙겼다. → [그러나/하지만]

독해 연습 3 연결어 분류 카드놀이

연결어를 종류별로 빈 카드에 적어 분류해 보세요. 각각 어떤 상황에서 쓰이는지 문장을 만들어보며 익히면 놀이처럼 즐기면서도 글의 흐름에 대한 이해도가 한층 높아집니다.

그리고, 또한, 더욱이	앞에서 말한 내용에 **비슷한 이야기를 덧붙일 때** 써요.	예) 오늘은 날씨가 맑아요. **그리고** 바람도 시원해요.
그러나, 하지만, 반면	앞의 내용과 **반대되는 이야기를 할 때** 써요.	예) 비가 많이 왔어요. **하지만** 운동회는 예정대로 열렸어요.

그래서, 그러므로, 결국	앞의 내용을 바탕으로 **결론이나 결과를 말할 때** 써요.	예) 공부를 열심히 했어요. 그래서 시험을 잘 봤어요.
예를 들어, 즉, 구체적으로	앞의 내용을 **자세히 설명하거나 예시를 들 때** 써요.	예) 저는 운동을 좋아해요. 예를 들어, 축구와 수영을 즐겨 해요.
왜냐하면, 그 이유는	앞의 내용에 대한 **이유나 근거를 설명할 때** 써요.	예) 밖에 나가기 싫어요. 왜냐하면 비가 오기 때문이에요.

독해 연습 4 연결어를 기준으로 문장 단위로 끊어 읽기

아이들이 긴 글을 어려워하는 이유는 한 번에 다 이해하려 하기 때문입니다. 앞으로는 연결어를 기준으로 문장을 나눠 읽게 해보세요. 연결어는 글의 자연스러운 '쉼표' 역할을 하는 것과 동시에 글의 구조를 분명히 알려주는 '작은 신호등'입니다. 긴 글도 연결어를 기준으로 나누어 읽으면 훨씬 쉽게 이해할 수 있습니다.

1단계를 적용해 공부한 학생 사례

"학습 목표에 밑줄부터 치고 교과서를 읽었어요"

초등 시절, 단원 공부가 시작될 때마다 학습 목표에 밑줄을 치는 저를 보고 친구가 "너는 왜 중요하지도 않은 부분에 밑줄을 쳐?"라고 물어본 기억이 있습니다. 저는 오히려 의아했습니다. '교과서에 나오는 모든 글자를 빼놓지 않고 읽어야 하는 거 아닌가?'라고 생각했거든요. 돌이켜 보면 습관처럼 읽었던 한 글자 한 글자가 이번 단원, 더 나아가서는 이 수업을 통해 무엇을 배워야 하는지를 자연스럽게 익힐 수 있는 디딤돌이 되었다고 생각합니다.

— 조윤주 (서울대 정치외교학 학사)

"교과서 중심으로 거듭 읽고 공부했어요"

초등학교 시절 저는 독서를 즐겼고, 교과서를 거듭 읽으며 교과서 중심으로 공부했습니다. 그 결과 학창 시절 내내 시험만을 위한 국어 공부에 많은 시간을 쏟지 않고도 좋은 성적을 유지했고, 수능에서도 만점에 가까운 성적을 얻었습니다. 그만큼 초등 시절의 국어 교과서 공부는 더할 나위 없이 중요한 것이라고 생각합니다.

— 이준영 (서울대 화학/전기정보공학 학사)

"교과서 전체 흐름을 먼저 보았어요"

교과서의 목차를 보며 전체 흐름 속에서 왜 이 부분을 배워야 하는지 파악하려고 노력했습니다. 문학 작품이 발췌되어 실린 것이 늘 아쉽게 느껴져, 가능하면 책을 빌리거나 사서 작품 전체를 읽었습니다. 방학 동안에는 다음 학기 교과서 작품을 미리 읽기도 했습니다. 특히 이예린 선생님과 문학을 깊이 있게 공부하면서 문장 하나, 단어 하나에도 의미가 담겨 있음을 알게 되었고, 그때 자세히 읽는 방법과 가치를 처음 배웠습니다.

— 김규리 (서울대 행정대학원 정책학 박사과정)

"반복해서 읽으며 자신감을 얻었어요"

초등학교 시절 내내 국어교과서를 여러 번 반복해서 읽었습니다. 국어교과서는 다양한 형식의 좋은 글을 모아둔 책인 만큼 여러 번 읽다 보니 글의 구조가 머릿속에 자연스럽게 정리되었고, 국어 공부에 대한 즐거움과 자신감도 커졌습니다.

— 최윤서 (서울대 수의학 석사과정)

"교과서의 모든 내용을 이해하고자 했어요"

수업 진도에 맞춰 교과서를 공부하고, 집에 돌아와 다시 읽고 복습하며 선생님의 설명을 바탕으로 글의 의미를 곱씹는 연습을 꾸준히 해왔습니다. 시험 문제도 결국 교과서에서 출제되므로 교과서에 있는 모든 내용을 읽고 이해하려 노력했습니다. 그 과정의 반복에서 자연스럽게 사고력이 길러졌고, 초등학생 때부터 다진 기본기를 바탕으로 생각하는 힘을 더욱 키울 수 있었습니다.

— 김경수 (서강대 기계공학 학사)

4장

2단계 Organize : 구조적으로 정리하기

한눈에 정리하는 아이가 실력도 앞선다

1 상위권 학생들의 교과서 정리 비법

요즘 아이들은 학교 수업뿐 아니라 학원, 문제집, 온라인 강의, AI 학습 앱 등 다양한 경로로 공부합니다. 하지만 이렇게 많은 정보에 노출되어도, 정작 배운 내용을 체계적으로 정리하지 못해 학습 효과를 제대로 얻지 못하는 경우가 많습니다.

이때 중요한 것이 '구조화'입니다. 구조화란 글을 읽을 때 수많은 정보 중에서 중요한 것을 뽑아낸 다음, 서로 관련 있는 내용을 묶고 연결하며 정리하는 사고 습관을 말합니다. 어질러진 방을 정리해 필요한 물건을 바로 찾을 수 있도록 하는 것과 같은 원리죠. 구조화를 잘하는 아이들은 글의 핵심을 빠르게 파악하고 내용을 눈에 잘 띄게 정리할 수 있습니다. 반대로 구조화를 활용하지 않는 아이들은 열심히 공부한 내용을 금세 잊어버립니다. 결국 실력은 필요한 정보를 신속하게 파악하고 핵심을 오래도록 기억할 수 있도록 구조화하는 능력에서 나오는 것입니다.

고등학생 제자 중 꾸준히 국어 상위권을 유지했던 학생이 제게 들려준 학습법이 인상적이었습니다.

"저는 교과서를 읽을 때 문단마다 중심 문장을 찾아 여백에 적어요. 문단 사이의 흐름이 보이면 화살표로 연결하고, 중요한 낱말은 색연필로 표시한 뒤 사전에서 뜻을 확인하고요. 이렇게 제 나름의 표시를 해두면 복습할 때 전체 흐름이 한눈에 들어와요."

이 학생처럼 구조화 정리를 습관화하면 여러 가지 장점이 있습니다.
첫째, 장기 기억력이 향상됩니다. 우리 뇌는 무작위로 흩어진 정보보다 논리적으로 연결된 정보를 훨씬 더 오래 기억합니다. 구조화된 지식은 마치 서로 이어진 사슬처럼, 하나를 기억하면 연관된 내용들이 저절로 떠오르게 합니다.
둘째, 학습 속도가 빨라집니다. 새로운 내용을 배울 때 머릿속에 체계적인 틀이 마련되어 있으면 그 틀에 맞춰 새로운 정보를 손쉽게 배치할 수 있습니다. 정리된 서랍장에 새로운 물건을 넣듯이 자연스럽고 효율적인 학습이 가능해지는 것입니다.
셋째, 사고력과 분석력이 발달합니다. 정보들 사이의 관계를 파악하고 연결하는 과정에서 논리적 사고력이 효과적으로 길러집니다. 암기에서 벗어나 이해하고 분석하는 능력이 향상되는 것입니다.

마지막으로, 자기 표현력이 향상됩니다. 지식을 구조화하면 자신이 알고 있는 내용을 체계적으로 설명할 수 있게 되어, 발표나 글쓰기에서 논리적인 흐름을 만들어내기가 훨씬 수월해집니다.

오늘날 교육에서 가장 중요한 건 '많이 아는 것'이 아니라, '아는 것을 정리해 논리적으로 표현하는 능력'입니다. 지금처럼 정보가 넘쳐나는 시대일수록 신뢰할 만한 정보를 가려내고 목적에 맞게 재구성하는 힘이 필요합니다.

이런 관점에서 초등학교 국어교과서는 구조화 연습을 시작하기에 최적의 교재라고 할 수 있습니다. 내용이 지나치게 복잡하지 않으면서도 글의 기본 구조를 명확히 보여주기 때문입니다. 또한 학년별 발달 수준에 맞춰 체계적으로 구성되어 있어, 간단한 구조의 글부터 시작해 고학년으로 갈수록 복잡한 구조를 자연스럽게 익힐 수 있도록 설계되어 있습니다. 이러한 단계적 접근 덕분에 아이들이 부담 없이 구조화 능력을 차근차근 키워나갈 수 있습니다.

아이와 교과서를 읽으며 단계별로 다음과 같은 질문을 활용해 보세요.

아이의 구조화 능력을 기르는 질문 4단계

1단계	중심 문장 찾기	각 문단의 중심 문장을 찾게 해보세요. "이 문단에서 제일 중요한 게 뭘까?"라는 간단한 질문이면 됩니다.

2단계	문단 간 관계 파악하기	'그런데', '따라서', '또한' 같은 연결어를 통해 문단과 문단이 어떻게 이어지는지 파악하도록 안내해 주세요.
3단계	글의 구조 그리기	글의 전체 흐름을 간단한 도식으로 표현하게 해보세요. '주장-근거-결론', '문제-원인-해결책'처럼 구조를 시각적으로 정리하는 연습입니다.
4단계	요약하고 설명하기	정리한 내용을 바탕으로 글을 요약하고 부모님이나 친구에게 설명하게 해보세요. 아이 스스로 얼마나 이해했는지 점검할 수 있습니다.

아이들이 교과서를 읽고도 금방 잊는 이유는 중요한 정보가 머릿속에 자리 잡기 전에 스쳐 지나가기 때문입니다. 그래서 간단히라도 구조화를 해두는 과정이 꼭 필요합니다. 그렇게 정리된 정보는 반복하지 않아도 눈에도 잘 들어오고 오래 기억됩니다.

공부를 잘하는 아이들은 대부분 교과서를 스스로 구조화하면서 배운 내용을 지식으로 흡수하는 방법을 몸에 익히고 있습니다. 이 경험이 쌓이면 새로운 지식을 외부의 도움 없이도 이해하고 정리하는 힘이 길러지기 때문에 자기주도 학습의 토대가 됩니다.

물론 처음부터 아이가 능숙하게 구조화를 해내기는 어렵습니다. 시간이 조금 걸리더라도 부모님의 따뜻한 관심과 꾸준한 격려가 더해진다면, 아이의 학습 능력은 분명히 향상될 것입니다.

2 도형·기호·색깔로 나만의 교과서 만들기

 교과서를 읽을 때 색깔이나 기호를 자신만의 암호처럼 활용해 시각적으로 정리하면 중요한 정보를 훨씬 빠르게 찾을 수 있을 뿐 아니라 오래 기억할 수 있습니다. 왜일까요? 글자보다 시각 정보가 뇌에 더 빨리 인식되고 더 오래 저장되기 때문이지요. 실제로 제가 국어 수업을 할 때 자주 활용하는 방법입니다.

 이 방법은 초등학생의 눈높이에 맞춰 입문-기초-응용 총 3단계로 나누어 적용할 수 있습니다. 꼭 모든 단계를 다 실천하지 않아도 괜찮습니다. 기호든 도형이든 색깔이든 하나만 선택해도 충분하니, 아이가 즐겁게 시작할 수 있도록 쉬운 방법부터 시도해 보세요.

🌸 1단계 : 기호로 핵심 구분하기

처음에는 간단한 기호를 활용하는 것이 좋습니다. 별표, 물음표, 느낌표, 화살표 등은 아이들이 일상에서 자주 보는 친숙한 기호라 쉽게 받아들이고 직관적으로 이해할 수 있습니다.

별표(★)	꼭 기억해야 할 핵심 개념
물음표(?)	어렵거나 질문하고 싶은 부분
느낌표(!)	헷갈리거나 주의할 부분
화살표(→)	인과관계나 개념 간 연결

글을 함께 읽으며 "여기서 가장 중요한 건 뭐지?"라고 물은 뒤 아이가 생각하는 부분에 별을 표시하도록 합니다. 그다음 궁금한 부분에는 물음표, 주의가 필요한 내용에는 느낌표, 개념의 흐름은 화살표로 연결하는 식으로 점차 확장해 나가면 됩니다.

이때 중요한 것은 정답보다 '아이의 생각'에 집중하는 것입니다. 초반에는 아이가 어떤 기준으로 중요하다고 느꼈는지, 또 어디에서 어려움을 느꼈는지 스스로 말할 기회를 많이 주세요. "그렇게 생각할 수도 있겠네!", "정말 중요해 보인다. 거기 별표 해볼까?" 이런 격려가 더해지면 아이는 표시하며 입체적으로 읽는 습관을 자연스럽게 익힐 수 있습니다.

다음 예문에 기호를 적용해 보겠습니다.

☆독서 토론은 책을 읽고 친구들과 생각을 나누는 활동입니다. 토론할 때는 먼저 자신의 의견을 분명하게 말하는 것이 중요합니다. 책을 읽으며 떠오른 생각이나 느낀 점을 정확한 말로 표현해 보세요. 또한 친구의 이야기도 끝까지 잘 들어야 합니다. 상대방의 말 속에도! 새로운 생각이 숨어 있을 수 있으니까요. 다양한 생각을 듣는 것은 서로를 이해하고 더 깊이 있는 생각을 할 수 있는 좋은 기회가 됩니다. 그렇다면 즐겁고 알찬 독서 토론을 위해서는? 어떤 준비가 필요할까요?

이 글에서는 '독서 토론은 책을 읽고 친구들과 생각을 나누는 활동입니다'가 핵심 개념이기 때문에 별표를 표시합니다. 또한 토론의 과정을 보여주는 '자신의 의견을 분명하게 말하는 것이 중요합니다 → 친구의 이야기도 끝까지 잘 들어야 합니다'에는 화살표로 흐름을 표시하고, 읽다가 인상적인 부분에 느낌표, 궁금한 부분에 물음표를 사용할 수 있습니다.

꼭 정해진 기호를 쓸 필요는 없습니다. 아이가 직접 만들어도 괜찮습니다. "잘 모르겠으면 여기다 어떤 표시를 해볼까?", "중요한 내용인 것 같을 때 어떤 표시를 하고 싶어?" 하고 물어보면서 아이와 함께 정해 보세요. 편하고 자유롭게 사용할 수 있는 기호로 '자기만의 표시'를 만드는 것이 좋습니다. 아이가 직접 기호를 고르고 쓰는 과정 자체가 활동을 더 즐겁고 의미 있게 만들어줍니다.

🌸 2단계 : 도형으로 감정과 흐름 파악하기

기호 사용에 어느 정도 익숙해졌다면, 도형을 활용하는 방법으로 확장해 보세요. 도형은 글 속의 감정, 분위기, 내용의 흐름 등을 한눈에 정리하기에 매우 유용한 도구입니다. 가장 기본적인 동그라미, 세모, 네모 3가지 도형만으로도 충분히 다양한 정보를 표현할 수 있어요. 상황에 맞게 도형을 구분해 사용하면 글의 구조와 흐름이 더 선명하게 드러납니다.

동그라미(○)	긍정적인 의미나 밝은 표현, '그리고', '또한' 등 흐름이 이어지는 연결어
세모(△)	부정적인 의미나 어두운 표현, 반대되는 내용, '그러나', '반면' 등 흐름이 반전되는 연결어
네모(□)	인물 이름, 중심 문장, 결론, '따라서', '그러므로' 등 내용을 정리하는 연결어

다음 예문에 도형을 적용해 보겠습니다.

⌐ ─ ─ ─ ─ ─ ─ ─ ─ ─ ─ ─ ─ ─ ─ ─ ─ ─ ─ ─ ┐
│ □준호□는 새로 이사 온 학교에서 친구를 사귀지 못해 △외로웠습 │
│ 니다△. 쉬는 시간에도 △혼자△ 앉아 있었어요. △그런데△ 어느 날, 민아 │
│ 가 다가와서 말을 걸었습니다. "안녕? 나는 □민아□야. ○같이 놀까?○" │
│ 준호는 ○기뺐습니다○. △그러나△ 준호는 부끄러워서 대답을 못 했어 │
│ 요. 민아는 준호의 마음을 알아차렸습니다. □그래서□ "□괜찮아, 천천 │
│ 히 친해지자□"라고 말했어요. 그 후로 준호와 민아는 ○좋은 친구○가 │
└ ─ ─ ─ ─ ─ ─ ─ ─ ─ ─ ─ ─ ─ ─ ─ ─ ─ ─ ─ ┘

> 되었습니다.

등장인물 이름인 '준호'와 '민아'는 네모로 눈에 잘 띄게 표시해 보세요. 또한 '외로웠습니다', '혼자', '부끄러워서'처럼 어둡고 부정적인 표현이나 '그런데', '하지만' 같은 반전 연결어는 세모로 표시합니다. 반대로 '같이 놀까', '기뻤습니다', '좋은 친구'처럼 밝고 긍정적인 표현이나 '그래서'처럼 자연스럽게 이어지는 연결어는 동그라미로 표시합니다. 마지막으로, 글의 중심 내용을 담고 있는 '괜찮아, 천천히 친해지자'와 같은 문장은 다시 네모로 정리합니다.

이렇게 도형 표시를 중심으로 준호의 감정선을 따라가며 읽으면, 처음에는 외롭고 위축된 상태였던 준호가 민아의 제안으로 기쁨과 부끄러움이 뒤섞인 마음을 거쳐 변해가는 과정을 자연스럽게 이해할 수 있습니다. 또한 도형이 어떻게 분포되는지를 통해 글의 전체적인 분위기도 한눈에 읽을 수 있는데요. 세모가 많은 준호는 부정적이고 위축되어 있는 상황임을 알 수 있고, 반대로 동그라미가 주로 표시되어 있는 민아는 밝고 긍정적인 인물임을 쉽게 파악할 수 있는 것입니다.

처음에는 "즐겁고 밝은 단어에 동그라미를 그려볼까?" 하며 가볍게 시작해 보세요. 한 문장씩 놀이처럼 연습하다가 익숙해지면 문단 단위로 점차 범위를 넓혀가면 됩니다. 초반에는 어디에 어떤 도형을 사용해야 할지 어려워할 수 있지만, 반복하다 보면 글의 흐름과 감정 변화를 자연스럽게 파악하게 됩니다. "여기는 왜 세모로 표시했어?"라는 질문에 아이가 "여기서 분위기가 부정적으로 바뀌는 것 같아서요"라고 설명할 수 있을 정도가 된다면, 글을 이해하는 힘이 한층 깊어졌다는 의미입니다.

🌼 3단계 : 색깔로 시각화하기

지금까지 기호와 도형으로 구조화하는 방법을 알아보았는데요. 여기에 색깔을 입혀 종합적으로 표현하는 방법을 소개하겠습니다. 색깔을 활용하면 글의 흐름과 구조, 인물의 감정, 핵심 내용을 한눈에 파악할 수 있어 훨씬 효과적인 구조화가 가능합니다. 이때 너무 많은 색을 쓰기보다는 2~3가지 정도만 활용하는 것이 가장 좋습니다.

빨간색	중심 문장, 정의, 주제, 핵심어 등
파란색	주요 문장, 뒷받침 근거 등
초록색	예시, 설명, 연결, 비교 등

빨간색은 주의를 끄는 색이므로 정의나 핵심 개념 표시에 효과적이고, 파란색은 집중력을 높이는 색이므로 주요 문장 밑줄에 적합합니다. 초록색은 안정감을 주는 색이므로 부가 설명에 활용하기 좋습니다.

처음부터 여러 색을 사용하면 아이가 오히려 혼란스러울 수 있으므로, 빨간색과 파란색 2가지로 시작해 보기를 권합니다. 노트 첫 장에 색깔별 의미를 아이가 스스로 정한 기준으로 정리해 놓으면 헷갈리지 않고 차분히 연습할 수 있습니다. 또한 형광펜보다는 색연필을 추천합니다. 색연필은 눈에 부담이 적고 아이가 천천히 생각하며 표시할 수 있어 집중력 유지에도 좋습니다.

앞서 설명한 기호, 도형, 색깔을 종합적으로 활용한 예시를 보겠습니다.

구조화 전

환경을 보호하는 것은 매우 중요한 과제입니다. 그래서 이를 위해 많은 사람들이 친환경 제품을 선택하기 시작했습니다. 또한 지역사회에서도 환경 캠페인이 활발히 진행되고 있습니다. 하지만 전 세계적으로는 여전히 심각한 환경 오염과 기후 변화 문제가 지속되고 있습니다. 그러므로 앞으로 환경 보호를 위한 정책과 법규를 강화하고 국제적인 협력을 통해 지구의 미래를 지켜나가야 합니다.

구조화 후

☆환경을 보호하는 것은 매우 중요한 과제입니다. 그래서 이를 위해 많은 사람들이 친환경 제품을 선택하기 시작했습니다. 또한 지역사회에서도 환경 캠페인이 활발히 진행되고 있습니다. 하지만 전 세계적으로는 여전히 심각한 환경 오염과 기후 변화

문제가 지속되고 있습니다. 그러므로 앞으로 환경 보호를 위한 정책과 법규를 강화하고 국제적인 협력을 통해 지구의 미래를 지켜나가야 합니다.

기호, 도형, 색깔을 종합적으로 활용하면 머릿속으로 내용을 정리하며 읽는 습관이 길러집니다. 이런 훈련이 반복될수록 긴 글도 부담 없이 읽을 수 있고, 핵심을 빠르게 파악하며, 전체 흐름을 놓치지 않고 이해하는 '독해력'으로 발전하게 됩니다.

무엇보다 실제 학습에서는 부모님의 질문과 격려가 큰 힘이 됩니다. "이 부분이 중요하니 빨간색으로 표시해 볼까?", "이건 밝은 느낌이 드니까 동그라미를 쳐보자"처럼 안내해 보세요. 그러면 아이는 '왜 이게 중요하지?', '이건 어떤 느낌이지?' 하고 생각하며 읽을 수 있게 됩니다.

기호나 도형으로 표시한 내용을 바탕으로 '한 문장 요약하기' 활동을 곁들이면 좋습니다. 예를 들어, "이 글은 세모가 제일 많이 나왔네? 세모로 표시한 단어들만 모아서 내용을 한 문장으로 정리해 볼까?"라고 해보세요. 아이는 글의 흐름을 파악하고, 감정이나 구조의 변화를 눈으로 확인하며 정리하는 힘을 얻게 됩니다.

처음부터 모든 문단에 색을 칠하거나 도형을 넣으려 하지 않아도 괜찮습니다. 중요한 건 부담 없이 시작하는 것입니다. 한 문장, 한 단락, 한 페이지씩 차근차근 시작하면 됩니다.

구조화는 내용을 정리하는 차원을 넘어, 생각하고 분류하며 연결하는 능동적인 학습 과정입니다. 이 과정을 통해 아이는 글의 흐름을 파악하고, 중요한 내용을 스스로 찾으며, 복잡한 정보를 체계적으로 정리하는 습관을 만들어갑니다. 이런 힘은 단기간에 생기지 않지만 꾸준한 실천을 통해 서서히 쌓여 학습의 근육이 됩니다.

자신만의 표시와 요약을 하는 게 습관이 되면 아이는 교과서에 주인의식을 가지게 되고, 결국 공부에 대한 태도도 능동적으로 변합니다. 더 나아가 국어로 시작한 구조화 연습은 사회, 과학, 수학 등 다른 과목에도 확장되어 전반적인 학습 능력 향상으로 이어집니다.

3 핵심어 몇 개로 전체 내용을 정리하는 방법

 글을 잘 읽는 아이들은 글의 뼈대가 되는 핵심어를 정확히 찾아내는 능력이 우수합니다. 지문이 아무리 길고 복잡해도 중요한 단어 몇 개만 짚어내면 전체 내용을 훨씬 쉽게 이해할 수 있기 때문이지요. 이번 장에서는 핵심어를 활용해 글의 구조를 정리하고 이해력을 높이는 구체적인 방법을 소개합니다.

 핵심어를 찾을 때 가장 먼저 해야 할 일은 글 속에서 '반복되는 단어'를 살펴보는 것입니다. 글쓴이가 의도적으로 강조했을 가능성이 크기 때문이에요. 그다음 '굵은 글씨'로 표시된 단어에 주목해 보세요. 교과서에는 핵심 개념을 따로 강조하거나 설명해 놓은 부분이 많아 키워드를 찾는 데 도움이 됩니다. 마지막으로 문단의 첫 문장과 끝 문장을 확인해 보세요. 첫 문장은 주제를, 마지막 문장은 요약이나 결론을 담고 있는 경우가 많습니다.

예를 들어, 설명하는 글 '겨울 철새의 이동'을 살펴보겠습니다.

> 겨울이 다가오면 철새들이 따뜻한 곳으로 이동합니다. 시베리아에서 살던 철새들은 겨울 추위와 먹이 부족 때문에 생존 본능에 따라 남쪽으로 향해요. 우리나라는 철새들의 중간 기착지 역할을 합니다. 철새들은 여기서 잠시 쉬어간 후 동남아시아의 더 따뜻한 지역으로 계속 이동해서 겨울을 보냅니다. 봄이 되면 다시 같은 경로를 따라 북쪽으로 돌아가죠. 연구원들이 오랫동안 관찰한 결과, 이러한 철새들의 이동은 단순히 추위를 피하는 것뿐만 아니라 먹이를 찾고 번식지를 확보하는 생존을 위한 지혜라는 점을 발견했습니다.

1단계 : 핵심어 나열하기

우선 핵심어를 단순히 나열하는 것부터 시작해 보세요. 아이가 중요하다고 생각한 단어들을 차례대로 적어보는 방식이라 부담 없이 접근할 수 있습니다. 예를 들어 '철새', '겨울', '이동', '따뜻한 곳', '생존' 같은 단어를 정리해 두면, "아, 이 글은 철새가 겨울에 따뜻한 곳으로 이동해 생존하는 이야기구나" 하고 금세 이해할 수 있습니다.

처음에는 아이가 전부 중요하다고 생각해서 핵심어를 많이 뽑을 수 있는데, 이는 자연스러운 과정입니다. 연습하면서 점차 줄여 나가면 됩니다. "이 글에서 가장 자주 나온 단어가 뭐였을까?"와 같은 게임을 곁들이면 즐겁게 훈련할 수 있습니다.

2단계 : 핵심어 분류하기

다음은 핵심어를 분류하는 작업입니다. 아이가 찾아낸 단어들을 성격에 따라 묶어보는 것이지요. 이 과정은 글의 구조를 파악하는 동시에 논리적 사고력을 키우는 데에 도움이 됩니다. 분류를 마치면 '누가', '어디서', '무엇을', '왜' 했는지가 한눈에 정리되어 글의 흐름이 선명하게 드러납니다. 이렇게 쌓은 분류 능력은 글쓰기의 기초가 되기도 해요.

필요에 따라 "이 단어를 왜 강조했을까?", "이 설명은 왜 들어갔을까?" 같은 질문을 던지며 아이 스스로 중요성을 깨닫도록 도와주세요.

핵심어 분류 예시

- **등장인물** : 철새, 연구원
- **장소** : 시베리아, 한국, 동남아시아
- **행동** : 이동하다, 서식하다, 관찰하다
- **이유** : 추위, 먹이 부족, 생존

🌸 3단계 : 핵심어 연결하기

마지막 단계는 핵심어를 서로 연결하는 것입니다. 핵심어들 사이의 관계를 선으로 이어보는 방법인데요. 제목, 주제, 중심 단어 등을 가운데 두고 관련된 핵심어들을 주변에 배치합니다. 화살표와 선을 사용해 키워드들이 어떻게 연결되는지 시각적으로 표현하도록 해보세요. 자연스럽게 정보 간의 관계를 파악할 수 있게 됩니다.

👑 핵심어 연결 예시

겨울 추위
↓
시베리아 → 겨울 철새의 이동 → 따뜻한 남쪽
↓
생존 본능

아이의 발달 단계에 따라 핵심어 정리 방법도 달라질 수 있는데요. 각 수준에 맞는 적합한 방법 3단계를 제안해 드리겠습니다.

아이 수준별 핵심어 정리 3단계

1단계	그림으로 핵심어 표현하기	아직 글쓰기가 서툰 아이는 핵심어를 그림으로 그려봅니다. '철새'라는 단어는 새 그림으로, '이동하다'는 화살표로 표현하는 식입니다. 그림을 그리며 자연스럽게 내용을 이해하고 기억할 수 있습니다. "철새 그림 옆에 화살표를 그려볼까? 어디로 날아가는 것 같니?" 하고 대화해 보세요.

2단계	색깔별로 핵심어 구분하기	색깔별로 핵심어를 구분해서 정리해 봅니다. 빨간색은 인물, 파란색은 사건, 초록색은 장소나 배경 등 아이와 임의로 정하면 됩니다. 단어를 시각적으로 구분하면 기억하기 쉬워집니다. "오늘은 인물은 빨간색, 장소는 파란색으로 표시해 볼까?" 하며 아이와 규칙을 정해서 시도해 보세요.
3단계	핵심어로 글 요약하기	찾은 핵심어만 모아 글을 한두 문장으로 요약해 봅니다. 특히 고학년이 되면 추상적 사고가 발달하기 때문에 핵심어로 전체 내용을 압축해 표현하는 활동이 사고력 향상에 좋습니다. "이 핵심어를 다 넣어서 한 문장으로 말해볼까?" 같은 도전 과제를 제시해 보세요.

아이의 수준과 반응에 따라 다음과 같은 방법을 활용하는 것도 추천합니다.

1) 너무 많은 핵심어를 찾는 아이

공부 열정이 넘치는 아이들은 글 속 단어의 대부분이 중요한 것처럼 표시하곤 합니다. 이럴 땐 "가장 중요한 단어 딱 3개만 골라보자" 하고 제한을 두어보세요. 선택하고 집중하는 힘을 기를 수 있습니다. 또는 상황을 구체적으로 설정하는 것도 좋아요. "내일 반 친구들 앞에서 설명해야 한다면, 여기서 꼭 말해야 할 단어 3개만 골라볼까?" 하고 묻는 식이죠. 이렇게 하면 아이가 스스로 기준을 세우는 연습을 하게 됩니다.

2) 핵심어 자체를 잘 못 찾는 아이

어디가 중요한지 감을 잡지 못하는 아이에게는 부모가 먼저 시범을 보여주세요. "엄마는 이 단어가 중요하다고 생각했어. 왜 이걸 골랐게?", "엄마는 '철새'가 중요한 것 같은데, 너는 어떻게 생각해?" 등의 질문을 하면서 아이가 핵심어를 고르는 감각을 조금씩 익힐 수 있도록 도와주세요.

3) 핵심어만 나열하고 끝내는 아이

어떤 아이들은 핵심어를 찾아 늘어놓은 다음 멈추곤 합니다. 이럴 때는 "이 단어들을 이어서 한 문장으로 만들어볼까?" 하고 제안해 보세요. 단어 사이의 관계를 생각하다 보면 글의 구조와 흐름까지 자연스럽게 이해하게 됩니다. "'철새'와 '이동'을 연결하면 어떤 문장을 만들 수 있을까?"라고 하고 물으면서 단어 간의 논리적 연결 고리를 찾아볼 수 있도록 해주세요.

아이들이 찾아낸 핵심어가 부모님 눈에는 다소 엉뚱해 보일 수도 있지만, 아이 나름대로 기준을 세워 고른 단어라면 그 자체로도 충분히 의미가 있습니다. 아이의 그런 선택을 존중해 주고, "와, 글을 꼼꼼히 읽지 않으면 찾기 어려운 단어인데 잘 찾았네", "그 단어를 고른 이유를 들으니 훨씬 이해가 잘된다" 등 따뜻한 반응을 보여주세요. 작은 성취를 인정받을 때, 아이는 점점 더 자신 있게 글을 읽고 생각을 정리하는 힘을 키워갑니다.

4

그림 구조도부터
코넬 노트 정리 전략까지

아이마다 학습 능력과 속도는 천차만별입니다. 초등학교 3학년 아이에게 중학생용 정리법이 효과적이지 않은 것처럼, 정리법도 아이의 인지 발달 수준에 맞춰 단계적으로 접근해야 합니다. 이번에는 동일한 지문을 활용해 '입문 → 기본 → 응용 → 심화' 4단계로 나누어 정리하는 방법을 자세히 알려드리겠습니다.

먼저, 다음 체크리스트를 통해 우리 아이가 어느 단계에 적합한지 확인해 보세요.

🌼 입문 단계 : 그림과 상징으로 정리 시작하기

입문 단계 체크리스트	☐	그림 그리기를 좋아한다.
	☐	글보다 그림으로 설명하는 걸 더 쉽게 이해한다.
	☐	이야기의 전체적인 흐름은 이해하지만 세부 내용은 잘 놓친다.
	☐	글 속에서 반복되는 단어나 문장을 잘 찾아낸다.
	☐	줄거리 그림이나 만화 형식으로 내용을 정리하는 걸 즐긴다.
	☐	다양한 색연필이나 사인펜으로 낙서하듯 표시하는 걸 좋아한다.
	☐	교과서 속 삽화, 사진, 도표에 관심이 많다.
	☐	글자보다는 말이나 그림으로 설명해 줄 때 이해가 빠르다.
	☐	간단한 기호의 의미를 이해하고 사용할 수 있다.
	☐	긴 글을 읽으면 지루해하지만, 그림과 함께 보면 끝까지 따라간다.

입문 단계의 아이들은 글보다는 그림이나 기호에 익숙합니다. 이 시기에는 복잡한 정리법보다는 그림, 화살표, 색깔 등 눈에 보이는 도구를 활용해 내용을 표현하는 경험이 가장 효과적입니다. 글의 핵심을 글자보다 이미지로 기억하게 하고, 직관적인 방식으로 내용의 뼈대를 잡을 수 있도록 도와주세요.

기본 단계 : 구분하고 색깔로 정리하기

기본 단계 체크리스트	☐	중요한 부분과 덜 중요한 부분을 구분할 수 있다.
	☐	간단한 질문에 대답할 수 있다.
	☐	색깔별로 구분하는 활동을 좋아한다.
	☐	밑줄 긋기나 동그라미 표시를 활용할 수 있다.
	☐	중심 문장을 찾으라고 하면 대체로 정확히 짚는다.
	☐	글에서 새로 배운 단어를 표시하거나 따로 적어둔다.
	☐	전체 내용은 이해하지만 요약하는 데는 어려움을 겪는다.
	☐	선생님이 알려준 표시 방법을 비교적 잘 따라 한다.
	☐	문단의 시작과 끝에 주목하는 습관이 있다.
	☐	같은 주제끼리 묶어서 정리하는 데 흥미를 보인다.

　기본 단계의 아이들에게는 조금 더 체계적인 정리를 시도할 수 있습니다. 이 단계에서는 줄 긋기, 색깔별 표시, 간단한 도형 사용 등을 통해 핵심과 비핵심을 구분해 중요한 내용을 선명하게 구별해 보는 활동이 효과적입니다.

🌼 응용 단계 : 스스로 질문하고 요약하기

응용 단계 체크리스트	☐	스스로 질문을 만들어낸다.
	☐	한 문장으로 요약하는 활동을 잘한다.
	☐	자신의 생각을 말로 표현할 수 있다.
	☐	중심 내용을 찾은 뒤 그 이유까지 설명한다.
	☐	글에서 중요한 단어를 골라내고, 서로 어떻게 연결되는지 이야기 할 수 있다.
	☐	친구나 부모에게 글 내용을 설명할 때 논리적으로 말한다.
	☐	'왜?'라는 질문을 자주 던지며 생각을 확장한다.
	☐	글 속 사례나 예시를 자신의 말로 다시 정리한다.
	☐	교과서에 표시한 기호나 색깔을 활용해 다시 설명하는 걸 즐긴다.
	☐	새로운 글을 읽을 때도 기존에 익힌 정리법을 자연스럽게 적용한다.

응용 단계의 아이들이라면 스스로 내용을 구조화할 수 있습니다. 글을 읽으며 질문을 만들고, 한 문장으로 요약하며, 자기 언어로 설명하는 힘이 이때 자랍니다. 이 시기에는 단순 정리를 넘어서 생각을 확장하고 논리적으로 연결하는 연습을 하는 것이 중요합니다.

🌸 심화 단계 : 비판하고 탐구하며 정리 확장하기

	☐	관련 지식을 응용할 수 있다.
	☐	비판적인 사고가 가능하다.
	☐	깊이 있는 탐구를 즐긴다.
	☐	글쓴이의 의도를 추측하거나 다른 관점을 제시한다.
심화 단계 체크리스트	☐	하나의 주제를 다양한 자료와 연결할 수 있다.
	☐	정리할 때 자신만의 기준이나 틀을 만든다.
	☐	마인드맵이나 코넬 노트 형식을 응용할 수 있다.
	☐	글 속 논리를 분석하고 약점을 찾아낸다.
	☐	같은 주제의 다른 글과 비교하며 차이를 설명할 수 있다.
	☐	정리한 내용을 발표나 글쓰기 활동으로 확장한다.

심화 단계의 아이들은 단순히 내용을 정리하는 것을 넘어 새로운 시각으로 분석하고 응용할 수 있습니다. 글의 의도나 한계까지 짚어내며, 다양한 자료와 연결해 사고를 확장합니다. 이 단계에서는 코넬 노트, 마인드맵, 주제별 비교표 등 체계적이고 심화한 정리법을 적용해 주는 것이 좋습니다.

각 단계는 아이의 성장과 학습 경험에 따라 적용하면 됩니다. 같은 아이라도 과목이나 주제에 따라 다른 단계의 접근법이 더 효과적일 수 있으므로, 획일적인 적용보다는 상황에 맞는 유연한 활용이 중요합니다다. 또한 단계를 건너뛰는 것보다는 차근차근 기초를 다지면서 점진적으로 발전시켜 나가는 편이 더 좋습니다. 우리 아이에게 가장 적합한 방법을 선택해 조금씩 적용해 보세요.

심층 정리법 실제 적용 사례

이제부터는 초등학교뿐만 아니라 중학교와 고등학교까지 이어지는 심층 정리법을 소개하겠습니다. 이해를 돕기 위해, 유명한 '개미와 베짱이' 우화 요약 글을 바탕으로 앞서 소개한 4단계 정리 방법을 적용해 보겠습니다.

'개미와 베짱이' 우화 요약 글

어느 마을에 부지런한 개미와 게으른 베짱이가 살았습니다. 여름 내내 개미는 겨울을 준비하며 열심히 일했습니다. 땀을 흘리며 곡식을 모으고 집도 튼튼하게 고쳤습니다. 반면 베짱이는 나뭇가지에서 노래를 부르며 즐겁게 놀았습니다.

"개미야, 이렇게 더운 날씨에 왜 그렇게 힘들게 일만 하니? 너도 나처럼 놀면 얼마나 편하고 좋은지 알게 될 텐데."

개미가 대답했습니다.

"지금 너처럼 놀고 있으면 겨울에 춥고 배고파서 후회하게 될지도 몰라. 너도 미리 겨울을 대비해 두는 게 좋을 것 같은데?"

하지만 베짱이는 개미의 말을 듣지 않고 계속 놀았습니다.

드디어 추운 겨울이 왔습니다. 개미는 따뜻한 집에서 그동안 모아둔 맛있는 음식을 먹으며 편안히 지낼 수 있었습니다. 하지만 베짱이는 먹을 것도, 추위를 피할 곳도 없었습니다. 결국 하는 수 없이 염치없지만 개미에게 도움을 청했습니다.

"개미야, 나를 좀 도와줘. 정말 배고프고 추워."

마음씨 넓은 개미는 베짱이를 따뜻하게 맞아주었습니다.

"베짱이야, 앞으로는 미리미리 준비하는 게 중요하다는 걸 이제 잘 알겠지?"

입문 단계 그림 구조도

· **대상** : 초등 1~2학년 또는 정리 입문자
· **목표** : 그림과 색으로 시작하는 정리의 첫걸음

초등 저학년 시기는 글보다 그림으로 표현하는 것이 더 익숙할 수 있습니다. 따라서 복잡한 정리법보다는 직관적이고 시각적인 방식이 효과적입니다. 그림 구조도는 이런 아이들에게 잘 맞는 방법입니다.

스케치북처럼 큰 종이에 핵심 주제를 그림으로 그리고, 그 주제에서 서너 개의 가지나 화살표를 뻗어보게 합니다. 가지마다 다른 색을 쓰고 핵심 단어와 작은 그림을 함께 그려 넣으면 이해와 기억에 도움이 됩니다. 이때 중요한 것은 그림의 완성도가 아니라, 아이가 자신만의 방식으로 표현하는 경험 그 자체입니다.

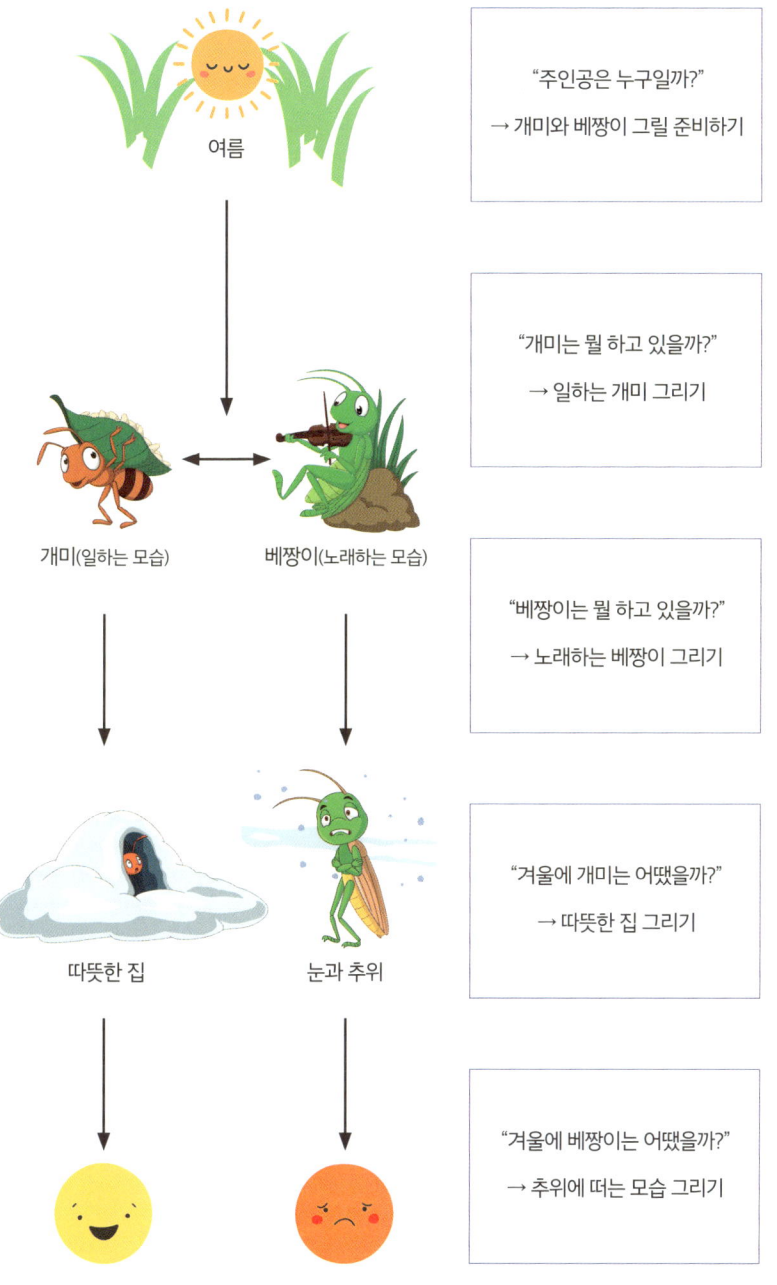

처음에만 부모님이 함께 그려주시고, 점차 아이 혼자 할 수 있도록 격려해 주세요. 그리고 "왜 이렇게 표현했니?" 등의 질문을 통해 아이가 말로 내용을 설명하며 정리할 수 있도록 도와줍니다.

기본 단계 4분할 노트법
- **대상** : 초등 3~4학년
- **목표** : 구조화된 정리의 기본기 다지기

조금 더 체계적인 분류가 필요한 단원에서는 4분할 노트법이 유용합니다. 종이를 가로세로로 십자(十) 모양으로 나누어 네 칸을 만들고, 각 칸에 다음과 같이 채워보세요.

핵심 주제	중요 내용
사례 적용	생각과 질문

칸마다 다른 색 펜을 사용하면 시각적 구분이 한층 더 뚜렷해집니다. 이때 "여기에는 어떤 내용을 넣어볼까?" 하고 물어보며 아이가 스스로 분류 기준을 세우도록 도와주세요. 특히 '생각과 질문' 칸은 아이가 충분히 고민하고 자기 언어로 정리할 수 있도록 시간을 주는 것이 좋습니다. 처음에는 부모님과 함께 작성하고 그다음에는 아이가 스스로 할 수 있도록 도움의 정도를 줄여가는 단계적 접근이 효과적입니다.

핵심 주제	중요 내용
"이 이야기에서 가장 중요한 건 뭐야?"	"개미와 베짱이가 각각 뭘 했지?"
· 미리 준비하는 것의 중요성 · 시간 관리	· 개미: 곡식 모으기, 집 수리 · 베짱이: 노래하기, 놀기
사례 적용	생각과 질문
"일상에서 이와 비슷한 상황이 있을까?"	"질문하고 싶은 건 뭐니? 어떤 생각이 드니?"
· 여름방학 숙제 미리 하기 · 시험 준비 일찍 시작하기	· '왜 베짱이는 개미 말을 안 들었을까?' · '나라면 어떻게 했을까?'

응용 단계 미니 코넬 노트법

· **대상** : 초등 5~6학년
· **목표** : 자기만의 정리 시스템 만들기

초등 5학년이 되면 본격적으로 노트 정리법을 시도할 수 있습니다. 이 시기에 활용할 수 있는 방법이 바로 미국 코넬대학교에서 개발한 코넬 노트Cornell Note-Taking System입니다. 한 장의 노트를 네 영역으로 나누어 효율적인 기록과 복습을 돕는 방식인데, 초등 고학년 아이들에게는 세 부분으로 나뉘어진 간소화된 미니 코넬 노트로 시작하는 게 좋습니다.

핵심 질문	중요 내용
요약	

무선 노트 왼쪽과 하단에 각각 약 5cm 정도의 여백을 두어 세 영역으로 나누세요. 수업 중이나 교과서를 읽는 동안에는 오른쪽 영역에 중요 내용을 기록하고, 정리할 때는 왼쪽 여백에 질문이나 핵심어를 적습니다. 마지막으로 복습할 때는 하단 칸에 전체 내용을 문장으로 요약하도록 합니다. 복습할 때는 아이가 왼쪽 질문을 가리고 오른쪽 내용만 보면서 스스로 핵심 개념을 떠올리고 답해보게 해주세요. 며칠 뒤에 같은 방식으로 반복하면 장기 기억에 도움이 됩니다.

핵심 질문	주요 내용
주인공	개미, 베짱이
각자 여름에 한 일	개미 : 근면 성실하게 여름 내내 겨울을 준비함 베짱이 : 일하지 않고 노래 부르며 놀기만 함
대화 내용	개미 : 베짱이에게 겨울에 후회하지 않도록 미리 준비하라고 조언함 베짱이 : 개미의 조언을 듣지 않고 계속 놂
각자 겨울에 처한 상황	개미 : 따뜻한 집, 충분한 음식으로 편히 지냄 베짱이 : 춥고 배고파서 개미에게 도움 요청함
요약	

개미는 여름에 미리 준비해서 겨울을 편안히 보냈지만, 베짱이는 준비 없이 놀기만 하다가 겨울에 어려움을 겪음 / 미리 준비하는 것의 중요성

심화 단계 정식 코넬 노트법

- **대상** : 중학생 이상
- **목표** : 독립적인 학습자로 성장하기

중학생이 되면 코넬 노트법을 온전히 활용할 수 있습니다. 이 방법은 대학생이 되어서도 유용할 만큼 보편적이고 효과적인 정리법입니다.

주제	
핵심 질문 및 단어	수업 시간에 기록한 상세한 설명과 교과서 내용
전체 요약, 부족한 이해, 추가 질문, 의견 등	

이 시기에는 자주적인 학습 능력을 기르는 게 핵심이므로, 부모는 직접적인 개입보다는 조언자 역할에 머무르는 편이 바람직합니다. 자녀가 당일 학습한 내용 중 가장 중요한 핵심을 스스로 파악할 수 있도록 격려하고, 코넬 노트를 활용한 체계적인 복습 시스템(1일-1주일-1개월 주기)을 안내해 주는 정도면 충분합니다.

주제	
'개미와 베짱이' 내용 심층 분석 및 종합 정리	
핵심 질문	주요 내용
갈등 구조는 무엇인가?	중심 갈등 : 미래 준비 vs. 현재 향유 (개미 vs. 베짱이) 삶의 태도 : 성실함 vs. 자유로움

문학적 기법은?	의인화 : 동물에게 인간적 성격과 행동 부여 대조 : 두 인물의 상반된 행동과 결과 대비
주인공의 성격은?	개미 : 근면 성실, 미래지향적 사고 베짱이 : 예술적 감성, 현재 중심적 사고
현대적 관점에서의 해석은?	전통적 해석 : 근면 성실의 중요성 강조 현대적 관점 : 일과 놀이의 균형, 상호 도움의 가치

요약

이 작품은 의인화와 대조를 활용하여 미래 준비의 중요성을 전달하는 우화이다. 전통적으로는 근면 성실을, 현대적으로는 일과 놀이의 균형을 생각해 볼 수 있다.

추가 질문/의견

개미처럼 미래를 대비하는 것은 분명 중요하다. 하지만 베짱이의 삶은 완전히 무의미한가? 현대 사회에서는 둘 다 필요하다고 본다. 개미 같은 사람이 있어야 사회가 안정적으로 유지되고, 베짱이 같은 사람이 있어야 문화와 예술도 발전한다. 중요한 것은 극단적이지 않은 균형이다.

♛ 실제 활용 노하우

- **수업 직후** : 오른쪽 영역에 가능한 한 자세히 기록합니다.
- **1일 이내** : 왼쪽 여백에 핵심 질문과 키워드를 적습니다.
- **1주 이내** : 하단에 전체 내용을 요약하고, 이해가 부족한 부분을 다시 점검합니다.

이러한 방식으로 정리하면 작품의 표면적 교훈뿐만 아니라 내재된 갈등 구조까지 파악하여 주제 의식을 심도 있게 탐구할 수 있습니다.

나아가 문학적 기법을 정리하고, 기존 관점을 현대적 시각으로 재해석하는 과정을 통해 비판적 사고력을 발달시킬 수 있습니다. 추가 질문과 자신의 의견을 포함한 요약 정리로 마무리함으로써 확장 학습도 가능합니다.

지금까지 하나의 지문을 활용해 4단계 정리법을 함께 살펴보았습니다. 한 작품이라도 아이의 발달 수준에 따라 다양한 방식으로 접근할 수 있다는 점이 흥미롭지요. 앞서 소개한 체크리스트를 참고해 우리 아이가 지금 어느 단계에 가까운지 살펴보고, 아이가 가장 편안하게 할 수 있는 방법부터 자연스럽게 시작하도록 도와주세요.

중요한 건 정리하는 과정에서 아이가 작은 성취감과 즐거움을 느끼는 것입니다. 아이가 자기 속도로 시행착오를 겪으며 성장하는 모습을 곁에서 응원해 주세요. 그 시간이야말로 아이에게 오래도록 의미 있는 배움으로 남을 것입니다.

5 아날로그 vs. 디지털, 정리 방식의 선택

   디지털 교과서까지 등장한 요즘, 학부모님들의 고민이 많습니다. 전통적인 손 글씨 필기와 최신 디지털 도구 정리, 사실 이 2가지 방법을 적절히 조화롭게 활용하면 가장 뛰어난 학습 효과를 얻을 수 있습니다. 각각의 장점을 이해하고, 우리 아이의 성장 단계와 학습 상황에 맞게 선택한다면 더욱 훌륭한 교육적 성과를 만들어낼 수 있지요.

   제가 지도했던 명문대 진학생 중 상당수는 손으로 직접 필기하는 정리 방식을 끝까지 고수했습니다. 아날로그 정리에는 뚜렷한 장점이 있기 때문입니다. 손끝으로 펜을 움직여 글자를 써 내려가는 순간, 우리 뇌는 매우 복합적인 활동을 시작합니다. 손의 섬세한 움직임이 운동 영역을 자극하고, 글자의 모양을 시각적으로 인식하며, 동시에 내용을 이해하고 재구성하는 과정까지 일어나지요. 이러한 다층적 자극이 기억을 더욱 생생하고 오래가게 만드는 비결입니다.

또한 감각적 경험이 학습에 미치는 영향도 상당합니다. 연필이나 펜이 종이 위를 부드럽게 미끄러지는 촉감, 형광펜의 선명한 색감, 페이지를 넘길 때 들리는 바스락거리는 소리까지도 모두 학습의 일부가 됩니다. 이런 다양한 감각 정보들이 학습 내용과 정서적으로 연결되면서 훨씬 쉽게, 그리고 더 오래 기억될 수 있습니다.

다만 아날로그 방식에도 한계는 있습니다. 한번 기록한 내용을 크게 수정하기가 쉽지 않고, 많은 양의 자료 중에서 원하는 부분을 빠르게 찾아보려면 시간이 오래 걸립니다. 또한 서로 다른 과목이나 단원의 연관성을 한눈에 파악하기 어렵고, 보관 공간의 물리적인 제약도 무시할 수 없는 부분이지요.

이런 단점을 보완해 주는 것이 디지털 기기를 활용한 정리입니다. 실제 수업에서도 태블릿PC를 활용해 수업 내용을 정리하는 학생들이 점점 늘어나고 있습니다. 이 방식의 장점은 편리함과 효율성에 있습니다. 여러 과목의 노트를 하나의 가벼운 기기에 담아 다닐 수 있고, 키워드 검색 한 번으로 필요한 정보를 즉시 찾아낼 수 있으니까요.

더 흥미로운 점은 디지털 환경에서는 텍스트, 이미지, 동영상, 음성 등 다양한 형태의 자료를 쉽게 통합할 수 있다는 것입니다. 이는 학습 과정을 훨씬 입체적이고 역동적으로 만듭니다. 친구들이나 선생님과 실시간으로 자료를 공유하고 피드백을 주고받을 수 있는 것도 큰 매력이지요.

그러나 디지털 정리 방식도 주의해야 할 부분들이 있습니다. 빠르고 편리한 입력이 가능하지만, 손으로 직접 쓸 때만큼 깊이 있는 기억

효과를 얻기는 어렵습니다. 또 디지털 기기 특성상 알림이나 게임 같은 방해 요소가 집중력을 무너뜨릴 수 있습니다. 자기통제력이 충분히 발달하지 않은 초등학생일수록 기기 사용 관리가 꼭 필요합니다. 특히 성장기 아이들에게는 장시간 사용이 눈과 몸에 부담을 줄 수 있으므로, 적절한 시간 관리가 필수입니다.

학년별 추천 병행 활동

따라서 아날로그와 디지털을 상황에 맞게 병행해야 가장 큰 효과를 거둘 수 있습니다. 핵심은 아이의 발달 단계와 과목의 특성에 맞게 방식을 선택하는 것입니다.

1) 초등 1~2학년

초등 1~2학년은 먼저 공부의 기본기를 다지고 공부에 대한 흥미를 유발해야 합니다. 또한 손 근육 발달과 필기 습관 형성이 중요한 시기입니다. 기본적으로 손 글씨 방식을 중심으로 하되, 간단한 디지털 활동으로 학습에 대한 재미와 관심을 키워주는 것이 좋습니다.

추천 병행 활동
- 교과서의 중요한 부분에 색연필로 밑줄 긋고 여백에 작게 메모하기
- 배운 내용을 그림과 함께 정리하는 나만의 학습 노트 만들기
- 주말에 한 주 동안 배운 내용과 관련한 교육 영상을 함께 감상하기

- 아이의 작품이나 노트를 사진으로 남겨 디지털 성장 기록 만들기

2) 초등 3~4학년

초등 3~4학년은 정보를 체계적으로 정리하는 능력이 본격적으로 발달하는 시기입니다. 여전히 손 글씨 정리를 기본으로 두면서, 디지털 활용 비중을 조금 더 늘려도 됩니다.

추천 병행 활동

- 손 글씨로 핵심 개념을 간단명료하게 요약하기
- 마인드맵 등을 활용하여 단원 전체 구조를 시각화하기
- 암기가 필요한 내용을 직접 녹음해서 반복 청취하기
- 손으로 그린 도표나 그림을 사진으로 찍어 디지털 노트에 통합하기

3) 초등 5~6학년

초등 5~6학년이 되면 중학교 진학을 준비하며 자신만의 학습 시스템을 구축하는 것이 중요합니다. 과목과 상황의 특성을 고려해 두 방식을 전략적으로 활용하는 지혜가 필요합니다.

추천 병행 활동

- 수업 시간엔 손 글씨 필기, 복습할 때는 디지털로 재구성하기
- 과목별 디지털 폴더를 체계적으로 관리하기
- 핵심 개념을 작은 카드에 정리해 수시로 복습하기
- 학습 계획 앱을 활용해 복습 일정을 체계적으로 관리하기

새로운 개념을 배울 때는 손 글씨 정리가 유용합니다. 아이가 교과서를 읽으면서 중요한 부분에 밑줄을 긋고, 여백에 자기 말로 짧게 설명을 덧붙여 보게 하세요. 여러 단원을 연결하거나 과목 간의 관련성을 살펴볼 때는 디지털 정리가 유용합니다. 예를 들어, 사회 시간에 배운 역사적 사건을 국어교과서의 문학 작품과 함께 정리하면 아이가 시대적 맥락을 더 넓게 이해할 수 있습니다. 시험 기간에는 디지털 검토와 손 글씨 요약 병행이 효과적입니다. 디지털 노트를 활용해 전체 내용을 빠르게 훑은 뒤, 중요한 개념이나 어려운 부분만 손으로 다시 요약하게 하면 효율적인 복습이 가능해집니다.

마지막으로 아이에게 자신만의 정리 통합 시스템을 갖추도록 안내해 주세요. 기본적으로 디지털 노트로 정리하되, 중요한 내용이나 암기하기 어려운 부분은 작은 카드나 미니 노트에 손 글씨로 정리하는 방식입니다. 이렇게 만든 카드를 책상 앞이나 자주 보는 공간에 붙여두면 반복 노출로 기억이 자연스럽게 강화됩니다. 동시에 손 글씨 노트를 사진으로 찍어 디지털 기기 폴더에 저장해 두면, 언제 어디서든 다시 확인할 수 있습니다. 이처럼 아날로그의 집중력과 디지털의 편리함을 함께 활용할 때, 아이는 학습 내용을 깊이 이해하면서도 효율적으로 관리하는 균형 잡힌 공부 습관을 키울 수 있습니다.

🌸 가정에서의 학습 환경 조성 방법

아이가 아날로그와 디지털을 균형 있게 활용하며 공부할 수 있도록

하려면 무엇보다 학습 환경을 잘 마련해 주어야 합니다. 먼저 아날로그 학습 환경입니다. 밝고 편안한 조명, 올바른 자세를 유지할 수 있는 책상과 의자를 준비해 주세요. 색깔 펜, 형광펜, 색연필, 포스트잇 같은 도구들은 아이가 내용을 정리하고 기억하는 데 큰 도움이 됩니다. 벽에는 자석 화이트보드를 설치해 중요한 내용을 붙여두면 수시로 확인할 수 있어 학습에 효과적입니다.

다음은 디지털 학습 환경입니다. 학습용 디지털 기기는 게임이나 유튜브 같은 오락 콘텐츠와 철저히 분리시키고, 공부할 때는 알림을 꺼두어 집중할 수 있도록 도와주세요. 블루라이트 차단 기능을 켜두면 눈 건강도 지킬 수 있습니다. 잊지 말고 정기적으로 자료를 백업해 두는 것이 좋습니다. 아울러 스크린 사용 시간을 점검하여 필요할 경우 사용 시간을 제한해 주세요.

학년별로 부모님의 역할도 조금씩 달라집니다. 저학년 때는 부모가 곁에서 정리 방법을 직접 알려주는 것이 좋습니다. 학년이 올라갈수록 아이에게 선택권과 책임을 넘겨주세요. "이 중에서 네가 가장 편한 걸로 골라봐" 하고 도구나 앱을 소개한 뒤 최종 선택은 아이가 하도록 하는 방식을 추천합니다. 정리 시스템을 정했다면 최소 두 달 이상은 꾸준히 유지하도록 격려해 주세요. 일정한 시간 동안 쌓여야 드러나기 때문입니다. 한 학기가 끝날 즈음에는 아이와 함께 현재 시스템을 점검하고 잘 맞지 않는 부분을 수정하면, 점차 안정적인 습관이 자리 잡게 됩니다.

마지막으로 디지털 기기 사용에 대한 부모의 현명한 관리가 필요합니다. 사용 후에는 반드시 눈을 쉬게 하고, 온라인에서 정보를 찾을 때는 출처를 밝히는 습관을 들여주세요. 개인 정보 보호의 중요성이나 안전한 비밀번호 관리법도 차근차근 알려준다면, 성숙한 디지털 학습 태도까지도 배울 수 있습니다.

AI 시대를 살아가는 우리 아이들에게 아날로그와 디지털 정리 능력은 꼭 필요한 힘입니다. 손으로 쓰며 깊이 이해하는 과정과 디지털 도구가 주는 효율성을 균형 있게 활용할 때, 아이들은 지식을 스스로 구조화하고 창의적으로 확장할 수 있습니다. 그러므로 도구에 얽매이지 않고 상황과 목적에 맞게 유연하게 방법을 선택하는 능력을 꾸준히 길러주는 게 좋습니다. 가장 중요한 것은 일관성입니다. 간단하더라도 지속적으로 실천할 수 있는 정리 방법을 함께 찾아나가는 편이 효과적입니다.

6 하루 15분 교과서 정리 루틴 만들기

사실 초등 아이들의 집중력은 평균적으로 20분 안팎 정도라서 그 이상 공부를 시키면 오히려 효과가 떨어질 수 있습니다. 중요한 건 짧은 시간이라도 제대로 집중하는 것이에요. 15분 몰입해서 공부하는 게 한 시간 멍하니 앉아 있는 것보다 훨씬 효과적입니다. 하루에 15분은 아이에게도, 부모님에게도 바쁜 일상에서 부담이 적은 시간이죠. 이 시간이 쌓이면 아이의 실력도 복리로 향상됩니다.

아이가 배운 내용의 정리를 귀찮아하거나 거부할 수 있습니다. 이런 경우에는 처음부터 15분을 무리하게 채우지 마시고, 3분이나 5분처럼 아주 짧게 시작해 보세요. "딱 3분만 할 거야" 하고 시작하면 아이도 훨씬 가볍게 받아들이고, 해냈다는 성취감이 반복될수록 차츰 시간도 늘려갈 수 있습니다.

아이의 관심사와 연결해 주는 것도 추천할 만한 방법이에요. 좋아하는 만화 캐릭터를 활용해 정리하거나, 관심 있는 주제와 관련된 글을 정리하게 하면 집중에 도움이 됩니다.

15분 정리 습관의 '5-5-5' 실천법

15분 정리는 '읽기 → 정리 → 점검'의 3단계로 나눌 수 있습니다. 단계별 5분씩 짧지만 밀도 있는 학습 루틴을 소개합니다.

5-5-5 실천법 3단계

1단계	읽기 (5분)	· 학습 목표를 떠올리며 어떤 내용이 중요한지 생각해 봅니다. · 교과서의 한 부분을 낭독 또는 묵독으로 읽으며 핵심 내용을 파악합니다. · 중요한 부분에 밑줄을 긋거나 색깔 펜으로 표시합니다.
2단계	정리 (5분)	· 밑줄 친 내용을 중심으로 핵심 개념을 짧게 정리합니다. · 도형과 기호를 활용해 정리하면서 내용을 시각화합니다. · 핵심어를 중심으로 3문장 정도로 요약하는 연습을 합니다.
3단계	점검 (5분)	· 정리한 내용을 소리 내어 읽으며 부모에게 설명해 봅니다. · 설명하면서 이해가 부족한 부분이 있는지 확인합니다. · 부모는 아이의 설명을 듣고 자연스럽게 피드백을 제공합니다.

이때 여러 과목을 한꺼번에 정리하기보다는 하루에 한 과목씩 또는 일정 분량씩 집중하는 것이 효과적입니다. 평일에 꾸준히 실천하고 있다면 주말에는 쉬어도 괜찮습니다. 물론 주중에 학습한 내용을 주말에

복습하는 기회로 활용하면 학습 효과는 더 오래갑니다.

바쁜 일정으로 매일 아이와 함께하기 어렵다면, 주 1회라도 규칙적으로 실천하는 시간을 마련해 보세요. 평일에는 아이가 혼자 교과서를 읽고, 주말에 부모님과 함께 복습하는 방식으로 시작하셔도 좋습니다.

아이의 정리 습관 형성을 돕기 위한 구체적인 전략 몇 가지도 안내해 드릴게요.

전략 1 정해진 시간과 장소에서 진행해 주세요. 가능하면 같은 시간, 같은 장소에서 15분 정리 시간을 갖습니다. 우리 아이의 생체리듬을 고려하여 아침 일찍, 방과후, 저녁 식사 후 등 가장 집중이 잘되는 시간을 찾아보세요.

전략 2 시각적인 진행표를 활용해 주세요. 달력이나 차트를 만들어 15분 정리를 완료할 때마다 스티커를 붙이거나 색칠하면, 직관적으로 진행 상황을 확인할 수 있어 아이의 성취감도 높아지고 동기부여도 지속됩니다.

전략 3 보상 시스템을 마련해 주세요. 10회, 30회 등 완료 목표를 달성했을 시 작은 보상을 제공해 주세요. 물질적 보상보다는 같이 놀이공원 가기, 아이가 좋아하는 활동 함께하기 등 경험적인 보상을 더욱 추천합니다.

전략 4 가족 구성원의 적극적인 참여를 유도해 주세요. '함께 공부하는 15분'이라는 가족 문화를 만들어 모든 가족이 잠시 디지털 기기를 끄고 독서 및 공부를 함께한다면, 아이도 자연스럽게 습관으로 받아들일 수 있습니다.

전략 5 밀린 공부를 몰아서 해야 한다는 부담감은 금물입니다. 바쁜 일상으로 인해 공부가 며칠 중단될 수도 있는데요. 이때 오늘부터 다시 시작해 보자는 긍정적인 태도가 필요합니다. 간헐적이더라도 포기하지 않고 꾸준히 이어가야 의미 있습니다.

교과서 정리는 핵심 개념을 구조적으로 정리해 이해력을 높이는 과정입니다. 따라서 부모가 도와줄 부분과 아이가 스스로 해야 할 부분을 명확히 구분하는 것이 중요합니다. 이렇게 역할을 나누면 부모는 든든한 조력자가 되고, 아이는 학습의 주인공이 됩니다.

부모가 도와줄 부분	아이가 스스로 해야 할 부분
· 정리 습관이 처음 자리 잡을 때 일정한 패턴을 만들어주기 · 효과적인 정리 방식을 초반에 직접 보여주며 모델링하기 · 지나친 개입은 피하고, 아이가 스스로 주도할 수 있도록 곁에서 안내하고 격려하기	· 교과서 속 핵심 내용을 직접 찾아 정리하는 연습 하기 · 부모의 도움 없이도 일정한 패턴으로 정리할 수 있는 습관 기르기 · 정리한 내용을 부모님이나 친구에게 설명하며, 자신의 언어로 다시 표현하는 연습 하기

15분 교과서 정리 습관은 부담 없이 실천할 수 있으면서도 장기적

인 학습 능력을 키우는 데 가장 좋은 방법입니다. 아이가 정리 습관을 익히는 초기 단계에서 함께 도와주고 점차 아이가 스스로 할 수 있도록 안내해 주세요. 부모와 아이가 만들어가는 이 15분 습관이 결국 큰 변화를 만들 것입니다.

2단계를 적용해 공부한 학생 사례

"요약과 재정리로 내용을 점검했어요"

수업 시간에 배운 내용은 따로 표시해 두었고, 필요한 부분은 교과서에 다른 색 펜으로 정리해서 옮겨 적었습니다. 시험 기간이 되면 교과서를 여러 번 읽었고, 빈 공책에 떠오르는 모든 내용을 적은 다음 교과서 원문과 비교해 보았습니다. 또 작은 포스트잇 한 장에 요약하는 습관도 들였는데, 한 장 안에 모든 내용을 담아내는 데 꽤 많은 시간을 썼던 기억이 있습니다.

— 윤지현 (이화여대 뇌인지과학 학사)

"색깔 필기를 활용해 교과서 정리하는 습관을 들였어요"

교과서를 읽으면서 배운 내용을 제 언어로 노트에 다시 정리했습니다. 수업에서 선생님께서 강조하신 부분을 교과서에 한 가지 색으로 표시하고, 스스로 공부하면서 새롭게 알게 된 부분은 다른 색으로 필기해 두었습니다. 교과서와 필기 내용이 머릿속에 잘 들어왔다 싶으면 이 내용을 가르친다는 생각으로 빈 A4 용지에 강의 자료를 작성하듯이 머릿속에 있는 내용을 적어 내려갔습니다. 이렇게 머릿속에 있는 추상적인 내용을 구체적인 글로 정리하자 학습 내용이 더 명확해지고 기억에 잘 남았습니다.

— 조윤주 (서울대 정치외교학 학사)

"복습 주기를 정해 체계적으로 정리했어요"

그날 배운 것은 그날 복습하고, 주말마다 한 주간 내용을 다시 확인했습니다. 한 달 단위로 정리하며 같은 내용을 반복할수록 새로운 해석과 궁금증이 쌓여 갔습니다. 다만, 복습 횟수가 늘어날수록 이미 아는 내용이라고 방심할 수 있어, 매번 이 내용을 새로 접한다는 느낌으로 추가적인 생각을 얹고 또 아직 인식되지 않은 지식은 없는지 철저하게 점검했습니다.

― 김진섭 (서울대 산업공학 박사과정)

"지문을 넘어 책 전체 맥락을 정리했어요"

교과서에 실린 짧은 발췌문만으로는 작가의 의도나 맥락을 온전히 알기 어려웠습니다. 그래서 원전을 직접 찾아 읽으며 전체 맥락을 정리하며 공부했습니다. 이 과정에서 사고의 깊이가 넓어졌고, 짧은 지문에 갇히지 않고 확장하는 경험이 국어 공부를 더욱 풍부하게 만들었습니다. 수능 국어가 처음으로 어렵게 출제된 해에 만점을 받을 수 있었던 것도 이런 경험들이 누적된 결과였다고 생각합니다.

― 김예지 (동국대 한의학 학사)

"핵심을 빠르게 파악하고 구조화한 뒤 정리했어요"

AI 시대에는 쏟아지는 정보 속에서 중요한 것을 가려내고 활용하는 능력이 더욱 중요해졌는데요. 그 위에 내 생각을 분명히 정리하고, 또 그것을 바탕으로 정확히 의사소통하는 능력은 여러 사람과 협력할 때뿐만 아니라 AI와 함께 일하는 시대에 필수적이라고 절감합니다. 저 역시 수많은 시간 교과서를 구조적으로 정리하는 습관을 들여온 덕분에 핵심을 빠르게 파악하고 제 생각을 또렷하게 정리하는 힘을 기를 수 있었습니다.

― 김윤수 (고려대 의학 학사)

5장

3단계 Ask :
핵심을 향해 질문하기

공부 잘하는 아이는 질문부터 다르다

1 학습 격차를 가르는 질문의 품격

시험 기간이 다가오면 학생들은 이해하지 못한 부분을 집중적으로 질문합니다. 이때 어떤 학생들의 질문은 출제자인 교사마저 긴장하게 만들 정도로 예리합니다. 마치 시험지를 미리 보기라도 한 것처럼 출제 가능성이 높은 핵심을 정확히 짚어내기 때문입니다. 교과서 개념을 넘어 본질까지 파고들며, 스스로 "왜?"와 "어떻게?"를 끊임없이 묻고 답하며 공부해 온 흔적이 질문에 고스란히 드러납니다.

반면 어떤 학생들은 중요한 주제와 거리가 먼 곁가지에 매달려 시간을 허비합니다. 공부하려는 의지는 있지만 무엇이 중요한지 정확히 몰라 엉뚱한 곳에서 헤매는 경우입니다. 이런 아이들에게는 먼저 질문에 성실히 답해준 뒤, 역으로 질문을 던지며 핵심에 접근할 수 있도록 도와줍니다.

질문은 학습의 질을 결정하는 핵심 요소입니다. 좋은 질문은 지식의 빈틈을 메우고 이해를 한층 깊게 만들며, 나아가 스스로 공부하는 힘을 길러줍니다. 지식을 수동적으로 받아들이는 학습자와 질문을 통해 능동적으로 지식을 재구성하는 학습자 사이에는 시간이 흐를수록 뚜렷한 격차가 생깁니다.

질문의 품격이 높아진다는 것은 단순한 피상적 호기심을 넘어서 개념의 본질을 꿰뚫고 다른 개념과의 관계를 탐색하는 고차원적 사고로 나아간다는 의미입니다. 이런 질문을 통해 유기적으로 연결된 지식의 네트워크가 형성됩니다. 동시에 학습 과정을 점검하고 조절하는 메타인지 능력도 자연스럽게 발달합니다. 무엇보다 스스로 던진 질문에 대한 답을 찾아낸 경험은 단순 암기보다 훨씬 오래 기억에 남습니다.

반대로 단편적이고 즉각적인 답만 얻으려는 질문은 당장 눈앞의 과제 해결에는 도움이 되지만, 깊은 사고나 지식 확장으로 이어지기 어렵습니다. 이런 질문은 대개 단기적 성과에 초점을 맞추고 있습니다. 반면 고차원적 질문은 단순한 지식 습득을 넘어 진정한 이해와 적용으로 확장되며, 학습 역량을 키우는 데 결정적 역할을 합니다.

단편적 질문	고차원적 질문
· "이것이 맞나요?" (**폐쇄형**) · "이 문제의 답이 뭐예요?" (**단순**) · "다음에는 뭐 하면 되나요?" (**절차**) · "이거 시험에 나오나요?" (**단기 목표**)	· "왜 이런 현상이 일어나는 건가요?" (**개념 중심**) · "이 부분이 저번에 배운 내용과 어떤 관련이 있나요?" (**관계 중심**) · "만약 조건이 바뀐다면 어떻게 될까요? 그래도 결과가 같을 가능성이 있나요?" (**확장형**) · "이 글에서 작가의 창작 의도를 찾을 수 있으려면 제가 어느 부분을 집중적으로 읽어보면 좋을까요?" (**메타인지**)

또한 학습의 여러 단계, 즉 학습 전·중·후에 스스로 질문을 던지는 습관은 아이의 학습 수준을 한 단계 높여줍니다.

1) **학습 전** : "이 글에서 가장 중요한 개념은 무엇일까?"
2) **학습 중** : "지금 읽으면서 이해하기 어려운 부분이 어디지?"
3) **학습 후** : "오늘 배운 내용을 한 문장으로 요약한다면?"

질문의 품격을 높이는 첫걸음은 질문하기 편안한 환경을 마련하는 것입니다. 아이가 모르는 부분을 질문할 때 부끄러워하지 않고, 질문 자체를 가치 있는 행동으로 여길 수 있는 분위기가 필요합니다. 이때, 부모가 모든 질문에 즉시 답해주기보다는 함께 고민하는 과정을 존중하는 편이 더 효과적입니다. 또한 질문은 충분한 대화와 사색의 시간이 주어질 때 더욱 깊어집니다. 이를 위해 질문 노트나 질문 보드를 마련해 아이가 생긴 궁금증을 기록하고 발전시킬 수 있는 공간을 만들어주세요. 가족 식사 시간이나 취침 전 대화 시간을 활용해 그날 생긴 궁금증을 나누는 것도 좋습니다.

아이들은 주변 어른들의 질문 방식을 자연스럽게 모방합니다. 따라서 부모가 뉴스나 일상 이슈를 다양한 관점에서 질문하는 모습을 보여주면 더욱 좋습니다. 예를 들어, "이 뉴스를 보면서 궁금한 게 생겼어. 왜 이런 일이 일어났을까? 다른 나라에서도 비슷한 일이 있었나? 우리가 할 수 있는 일은 뭐가 있을까?"처럼 질문하는 사고 과정을 소리 내어 표현하는 것입니다. 그리고 아이에게도 기회를 주세요. "너는 이 글을 쓴 사람에게 무엇을 물어보고 싶어? 이 부분에서 네 생각과 다른 점이 있니?" 같은 열린 질문으로 아이의 호기심을 자극해 보세요.

일상에서 질문을 연습하는 습관은 학업 성취에 직접적인 도움을 줍니다. 단순 암기는 금세 잊히지만 본질적인 질문을 통해 학습하면 깊은 이해로 이어질뿐더러 오래 기억에 남습니다. 좋은 질문은 자신의 이해도를 점검하는 강력한 도구이자, 메타인지 능력 발달에도 큰 역할을 합니다.

질문의 품격이 높아질수록 타인의 도움 없이 스스로 학습을 조율하는 자기주도 학습 역량도 강화됩니다. "만약 ~라면 어떨까?", "다른 방식으로는 불가능할까?"와 같은 확장적 질문은 기존 지식의 한계를 넘어 창의적 사고까지 촉진합니다. 물론 질문의 품격은 하루아침에 길러지지 않습니다. 꾸준한 관심과 연습, 그리고 질문을 마음 놓고 할 수 있는 환경이 함께해야 자라납니다. 아이가 던지는 작은 질문 하나도 소중히 받아들이고, 그 질문이 더 깊고 넓게 이어질 수 있도록 다정하게 이끌어주세요.

2 생각을 깊이 있게 만드는 5가지 질문 공식

'왜?', '만약?', '나는?', '이것과 저것은?', '핵심은?' 이 5가지 질문 핵심어만 기억해도 아이가 스스로 질문을 만들기가 훨씬 쉬워집니다. 처음에는 부모가 먼저 시범을 보여주고, 차츰 아이가 직접 질문을 던질 수 있도록 지도해 주세요.

아래 '할머니의 팥죽'이라는 하나의 글을 읽고 5가지 공식을 적용해 다양한 질문을 만드는 과정을 보여드리겠습니다.

이야기 글 '할머니의 팥죽' 제시문

눈이 펑펑 내리는 겨울날이었습니다. 민재는 감기에 걸려 열이 나고 목이 아팠습니다. 엄마는 회사에 가셨고, 아빠는 출장을 가서서 집에 할머니와 민재만 있었습니다.

"우리 민재 아파서 기운이 없구나. 할머니가 맛있는 팥죽을 끓여줄게. 이거 먹고 얼른 나으렴."

할머니는 빨간 팥을 정성스럽게 삶기 시작했습니다. 팥이 익어가는 동안 할머니는 민재 곁에 앉아 옛날이야기를 들려주었습니다. 민재는 할머니의 따뜻한 목소리를 들으며 마음이 편안해졌습니다.

드디어 팥죽이 완성되었습니다. 할머니는 팥죽을 그릇에 담고 정성스럽게 민재에게 가져다주었습니다.

"후후 불어서 천천히 먹어라."

팥죽을 한 숟가락 떠먹는 순간, 민재의 몸이 따뜻해졌습니다. 팥죽의 단맛과 함께 할머니의 사랑도 느껴졌습니다. 민재는 할머니께 고마운 마음을 전하고 싶었습니다.

"할머니, 정말 고마워요. 할머니가 끓여주신 팥죽이 세상에서 가장 맛있어요."

할머니는 민재의 말을 듣고 활짝 웃으셨습니다.

"우리 민재가 아프지 않고 건강하게 잘 크는 게 할머니는 가장 기쁘단다."

질문 공식 1 스스로 묻는 "왜?" - 원인 찾기 질문법

"왜?"라는 질문은 글 속에 숨어 있는 논리적 관계를 스스로 파악하게 합니다. 아이가 국어교과서를 단순히 읽는 데 그치지 않고, "왜 이런

일이 일어났을까?", "왜 이런 표현을 썼을까?"와 같은 질문을 스스로 던질 수 있도록 도와주세요. 글의 흐름을 깊이 이해하고, 인물의 마음이나 상황을 유추하는 힘을 기를 수 있습니다.

🌷 행동 분석 질문 대화 예시

부모 : 왜 할머니가 팥죽을 끓여주셨을까?

아이 : 민재가 아파서요.

부모 : 맞아, 그런데 감기에는 보통 약을 먹잖아. 왜 할머니는 약 대신 팥죽을 끓여주셨을까?

아이 : 음… 따뜻한 걸 먹으면 몸이 나아져요.

부모 : 그렇구나! 그럼 왜 따뜻한 음식이 몸에 좋을까?

아이 : 몸이 따뜻해지면 기운도 좀 생기니까요.

🌷 감정 탐구 질문 대화 예시

부모 : 민재가 할머니 목소리를 듣고 왜 마음이 편안해졌을까?

아이 : 할머니가 친절하게 말씀해 주셔서요.

부모 : 맞네. 그러면 할머니는 왜 옛날이야기를 해주셨을까?

아이 : 민재가 심심하지 않게요.

부모 : 그럴 것 같네. 또 다른 이유는 뭐가 있을까?

아이 : 아픈 걸 잊게 해주려고요!

아이가 짧게 대답하더라도 실망하지 마세요. 중요한 것은 정답을 맞히는 것이 아니라, 스스로 질문을 던지는 태도를 익히는 것입니다.

'왜?'라고 묻는 이 작은 습관 하나가 아이의 이해력과 표현력을 키우는 좋은 연습이 될 거예요.

질문 공식 2 스스로 상상하는 "만약?" - 가정형 질문법

"만약 이 상황이 달랐다면 어떻게 됐을까?" 아이의 창의력과 사고력을 키워주고 싶다면 아이에게 이런 질문을 던져보세요. 가정형 질문은 아이가 스스로 상상하고 다양한 변화를 탐색하는 힘을 길러줍니다. 위의 예문을 바탕으로 여러 가지 가정 상황을 만들어볼 수 있습니다.

🌷 음식 바꾸기 대화 예시

부모 : 만약 할머니가 팥죽 대신 라면을 끓여주셨다면 어땠을까?

아이 : 저는 솔직히 팥죽보다는 라면을 더 좋아하니까 제가 민재 입장이라면 더 좋았을 것 같아요.

부모 : 그럼 팥죽과 라면 중에 어느 게 아픈 사람에게 더 좋을까?

아이 : 음… 몸에 더 좋은 건 아무래도 팥죽이겠죠. 라면은 짜니까요.

부모 : 맞아, 또 다른 이유가 더 있을까?

아이 : 팥죽은 할머니가 정성스럽게 만들어주신 거니까 더 특별할 것 같아요.

🌷 계절 바꾸기 대화 예시

부모 : 만약 이 일이 더운 여름에 벌어졌다면 할머니는 뭘 해주셨을까?

아이 : 시원한 음식을 만들어주셨을 거예요.

부모 : 어떤 음식일까?

아이 : 냉면? 아니면 수박?

부모 : 그럼 계절이 바뀌면 할머니의 마음은 어떨까?

아이 : 계절에 상관없이 민재를 사랑하는 마음은 같으시겠죠.

아이가 "모르겠어"라며 대답을 어려워할 수도 있어요. 그럴 때 부모님이 먼저 예시를 들어 "만약 그랬다면 어땠을까?"처럼 가볍게 대화를 시작하는 방식이 좋습니다. 이 방법은 책을 다 읽은 뒤에만 적용할 수 있는 것이 아니라 한 단락이나 한 문단을 읽고 나서도 바로 활용할 수 있어요. 글을 통해 생각을 확장하고 연결하며 자기만의 해석을 시도해 보는 능력을 기르는 좋은 훈련이 될 거예요.

질문 공식 3 스스로 생각하는 "나는?" - 의견 형성 질문법

아이가 글을 읽은 후, "나는 이 부분에 대해 어떻게 생각하지?"라고 스스로에게 묻고 답하는 습관을 길러주세요. 이 질문으로 자신만의 판단과 관점을 갖는 법을 훈련할 수 있어 주체적인 사고력과 비판적인 시각을 기르는 데 효과적입니다.

👑 인물 행동에 대한 의견 예시

· 나는 할머니가 팥죽을 끓여주신 것이 ....(라)고 생각한다. 왜냐하면 ....때문이다.

· 나는 민재가 고맙다는 말을 한 것이 ....(라)고 생각한다.

· 나는 할머니가 옛날이야기를 들려준 것이 ....에 도움이 되었다

고 생각한다.

👑 감정과 관계에 대한 의견 예시

· 나는 이 이야기에서 가장 감동적인 부분이 ....(라)고 생각한다.
· 나는 할머니와 민재의 관계가 ....(라)고 느꼈다.
· 나는 민재의 마음이 ....했을 것 같다고 생각한다.

아이의 생각을 곧바로 판단하기보다는, "그럴 수도 있겠다"라고 먼저 공감해 주세요. 아이가 한 문장이라도 스스로 의견을 정리했다면 그것만으로도 충분히 잘하고 있는 거예요. "이건 정해진 정답이 있는 질문이 아니야. 지금 중요한 건, 네가 왜 그렇게 생각했는지를 말해보는 거야"라고 얘기해주며, 아이가 자기 생각을 표현할 수 있도록 용기를 북돋아 주세요.

질문 공식 4 　스스로 연결하는 "이것과 저것은?" - 연결 질문법

아이가 어떤 글이나 개념을 배운 뒤, "이건 전에 배운 내용과 어떤 관련이 있을까?", "이건 다른 과목에서 배운 내용과도 연결될 수 있을까?"처럼 스스로 연결해 보는 질문을 던질 수 있다면 그 아이는 한 걸음 더 깊고 넓게 사고할 준비가 된 것입니다. 서로 다른 지식들이 연결되면 아이의 머릿속에는 지식의 네트워크가 자연스럽게 형성되기 시작합니다. 이러한 연결형 질문을 통해 다양한 지식을 하나의 큰 그림으로 바라볼 수 있습니다.

👑 국어 교과 내 다른 단원과 연결 예시

· 이 이야기의 할머니와 다른 단원에서 읽은 이야기 속 어른 인물은 어떻게 비슷하거나 다를까?

· 민재가 느낀 감정을 지난번에 읽은 주인공의 감정과 비교하면 어떤 차이가 있을까?

· 이야기의 구성(발단-전개-절정-결말)이 우리가 배운 다른 이야기와 어떤 공통점이 있을까?

👑 다른 교과와 연결 예시

· 팥죽을 끓이는 과정은 과학 시간에 배운 '열전달'과 어떻게 이어질까?

· 감기에 따뜻한 음식을 먹으면 왜 도움이 될까?

· 팥죽을 만들 때 필요한 재료들을 사회 시간에 배운 '지역 특산물'과 어떻게 연결할 수 있을까?

👑 실생활과 문화 연결 예시

· 다른 나라에서는 아픈 사람에게 어떤 음식을 해줄까?

· 우리나라에서 아픈 사람에게 주로 해주는 음식은 어떤 게 있을까?

· 할머니 세대와 우리 세대가 사랑을 표현하는 방식에는 어떤 차이가 있을까?

👑 계절과 명절 연결 예시

· 겨울철 몸을 따뜻하게 하는 다른 방법들은 무엇이 있을까?

· 명절 음식 중에서도 가족의 건강이나 안녕을 바라는 마음이 담긴 음

식은 무엇이 있을까?

· 계절이 바뀔 때마다 사람들이 전통적으로 먹는 음식은 무엇이 있고, 어떤 의미가 있을까?

질문 공식 5 스스로 정리하는 "핵심은?" - 핵심 요약 질문법

"이 내용에서 가장 중요한 핵심은 뭐였을까?" 이 질문은 아이가 정보의 중요도를 스스로 판단하고 핵심을 뽑아내는 힘을 길러줍니다. 앞 지문의 핵심을 다양한 대화 예시로 정리해 보겠습니다.

🌷 한 문장으로 정리하기 대화 예시

부모 : 이 이야기를 한 문장으로 정리한다면?

아이 : 할머니가 아픈 민재에게 팥죽을 끓여주셨어요.

부모 : 맞아. 그런데 할머니의 마음도 포함해서 말해볼 수 있을까?

아이 : 할머니가 민재를 사랑해서 정성스럽게 팥죽을 끓여주셨어요.

🌷 시작-중간-끝 정리하기 대화 예시

부모 : 이야기를 세 부분으로 나누어서 정리해 볼까?

아이 : 시작은 민재가 아픈 거고, 중간은 할머니가 팥죽 끓여주신 거고, 끝은 민재가 할머니의 정성에 고마움을 느낀 부분이에요.

부모 : 좋아. 그러면 이 세 부분 중에서 가장 중요한 부분은 뭐라고 생각해?

아이 : 중간 부분이요. 할머니가 아픈 민재를 위해 노력하시는 과정이 잘 담겨 있어서요.

🌷 1분 요약 게임 대화 예시

부모 : 이 이야기를 1분으로 요약해서 들려줄 수 있겠어?

아이 : 네. 민재가 감기에 걸렸는데 할머니가 팥죽을 끓여주셨어요. 할머니가 옛날이야기도 들려주시고 정성스럽게 돌봐주셔서 민재가 고마워했어요. 그래서 할머니도 기뻐하셨어요.

부모 : 정말 정리 잘했네. 그러면 30초로 더 짧게 줄여볼 수 있어?

아이 : 할머니가 아픈 민재에게 팥죽을 끓여주셔서 민재가 할머니의 사랑을 느끼고 고마워했어요.

하나의 글에 대해 5가지 질문 공식을 다양한 각도로 적용해 보았습니다. 이 질문 공식이 익숙해지면 역할을 바꿔 아이가 부모에게 질문을 던지도록 기회를 주세요. 처음부터 모든 질문을 한꺼번에 하기보다는 예를 들어 하루는 '왜?' 질문만, 다음 날은 '만약?' 질문만 하는 식으로 나누어서 실천하는 게 좋습니다. 같은 글을 다양한 방식으로 탐구하는 경험을 통해 아이는 한 편의 글 속에서도 무궁무진한 생각거리를 발견할 수 있다는 것을 깨닫게 됩니다. 그 질문을 자기 것으로 만들면서 아이는 공부에 대한 즐거움과 자신감을 함께 얻게 될 거예요.

3. 소극적인 아이도 질문하게 만드는 전략

"질문이 없는데요."

조용하고 소극적인 성향의 아이를 둔 부모님이라면 한 번쯤 들어봤을 대답입니다. 입을 꾹 다물고 감정 표현을 잘 하지 않는 우리 아이, 왜 늘 질문이 없을까요? 여기에는 다양한 이유가 있겠지만 크게는 3가지로 나눠볼 수 있습니다.

첫째, 질문하는 방법을 모릅니다. 머릿속에 막연한 궁금증이 있지만, 그것을 구체적인 질문으로 만드는 법을 배운 적이 없기 때문입니다. 뭔가 이상하다는 느낌은 있는데 왜 그런지 말로 표현하기 어려운 것이죠. 둘째, 질문해도 될지 확신이 없습니다. "이런 걸 물어봐도 되나?", "너무 당연한 질문은 아닌가?" 하는 걱정 때문에 입을 다물게 됩니다.

특히 완벽주의 성향이 있는 아이들은 좋은 질문을 해야 한다는 부담 때문에 더욱 어려워합니다. 셋째, 질문보다는 답을 찾는 데 익숙합니다. 지금까지 정답을 맞히는 것에 집중해 왔기 때문에 정답이 없을 수도 있는 질문을 만드는 일이 낯설고 어렵습니다. 이럴 때 아이에게 뭐가 궁금한지 말해보라고 재촉하면 오히려 더 말문을 닫게 됩니다. 그러므로 부모가 먼저 질문할 수 있는 환경을 마련해 주는 것이 필요합니다.

아이의 질문을 이끄는 5가지 방법

질문을 어려워하는 아이도 질문할 수 있도록 도와주는 실용적인 방법 5가지를 소개합니다.

방법 1 안전한 질문 공간 만들기

무엇보다 중요한 건 '안심하고 질문할 수 있는 분위기'입니다. 어떤 호기심이든 환영한다는 메시지를 전해주세요. "엄마도 잘 모르는 게 있네. 같이 찾아볼까?"처럼 부모가 먼저 궁금해하는 모습을 보여주면 아이는 질문이 자연스럽고 당연한 행동임을 배웁니다.

안전한 질문 예시
- "좋은 질문이네, 흥미로운데?"
- "엄마도 그게 궁금했는데. 같이 찾아보자."
- "어떤 질문이든 환영이야."

방법 2 작은 관찰부터 시작하기

아이에게 바로 질문을 만들라고 하기 전에 관찰하는 활동으로 시작해 보세요. "이 단어는 어려워요", "여기가 이상해요" 같은 사소한 발견도 충분히 의미가 있습니다.

🌷 작은 관찰 대화 예시

부모 : 여기서 눈에 띄는 것 하나만 짚어볼까?
아이 : 이 그림이 예뻐요.
부모 : 그래? 정말 예쁘네. 어떤 부분이 예뻤어?
아이 : 강아지가 귀엽고 표정이 밝아서요.
부모 : 그렇네. 왜 강아지는 이렇게 표정이 밝은 걸까? 무슨 일이 있었을까?

방법 3 질문 대신 감정을 묻는 말부터 건네기

감정은 아이가 가장 쉽게 표현할 수 있는 영역입니다. 보통 논리적 분석보다 감정적 반응이 먼저 나오기 때문이죠. 인간의 감정 속에는 이미 궁금증의 단서가 숨어 있습니다. "엄마는 이 부분이 재미있더라"라고 먼저 마음을 드러내면 아이도 자연스럽게 감정을 나누게 됩니다. 질문은 함께 즐기는 경험이라는 사실을 알려주세요.

🌷 감정 대화 예시

부모 : 이 이야기를 읽고 어떤 기분이 들었어?
아이 : 슬펐어요.

부모 : 왜 그런 기분이 들었을까?

아이 : 주인공이 혼자 있어서요.

부모 : 그렇다면 주인공은 지금 무엇을 하기를 원할까?

> **방법 4** 질문 목록을 미리 제시해서 고르게 하기

아이에게 아무 질문이나 떠올리라고 하면 막막할 수 있습니다. 이럴 때는 앞서 소개한 5가지 질문 공식 —'왜?' '만약?' '나는?' '이것과 저것은?' '핵심은?'— 을 활용해 만든 질문들을 준비해 두고 아이가 그중에서 하나를 골라 대답할 수 있도록 해보세요.

👑 질문 선택지 예시

- "왜 주인공이 그런 행동을 했을까?"
- "만약 내가 주인공이라면 어떻게 했을까?"
- "나는 작가의 결론에 동의하나?"
- "A와 B는 어떤 점이 다를까?"
- "이 이야기의 핵심은 뭐라고 생각해?"

> **방법 5** 질문 대신 호기심 키워드 카드 활용하기

질문이라는 단어 자체가 부담스럽다면 호기심 키워드 카드를 활용해 보세요. 아이가 '이상한 것'을 언급했다면 "어떤 점이 이상했어?" 하고 물으며 대화를 이어갈 수 있습니다. 또 "이번엔 엄마에게 궁금한 걸 하나 물어봐 줄래?"라고 역할을 바꾸는 것도 효과적입니다.

👑 호기심 키워드 카드 예시

· 재미있는 것 / 이상한 것 / 궁금한 것

· 새로운 점 / 다른 점 / 비슷한 점

· 기분 좋은 것 / 속상한 것 / 놀라운 것

🌸 아이 성향별 맞춤 접근법

아이의 성향별로도 접근법을 다르게 할 수 있어요. 초등 시기의 아이들에게 많이 나타나는 3가지 성향으로 간략하게 설명해 볼게요.

1) 소극적인 성향

"궁금한 걸 그림으로 한번 그려볼까?" 하고 제안해 보세요. 말로 표현하기 어려운 아이들은 그림이나 간단한 메모로 마음속 궁금증을 훨씬 편안하게 드러낼 수 있습니다.

2) 완벽주의 성향

'틀려도 괜찮은 시간'을 따로 마련해 주세요. "이 시간에는 어떤 질문이든 환영해"라고 명확히 제안해 주면, 아이는 마음이 한결 가벼워져 자유롭게 질문할 수 있습니다.

3) 산만한 성향

"오늘은 궁금한 거 딱 하나만 찾아보자" 하며 고민의 범위를 좁혀

주세요. 타이머를 켜고 '3분 동안 질문 하나 만들기 게임' 등 놀이처럼 몰입하는 방법도 좋습니다.

이렇게 해도 아이 입에서 질문이 쉽게 나오지 않을 수 있습니다. 하지만 꾸준히 질문할 수 있는 분위기를 만들어주고 아이가 아주 작은 호기심이라도 표현했을 때 곧바로 반응해 준다면, 어느 날 아이가 불쑥 "엄마, 이거 왜 그런 거야?" 하고 물어오는 순간이 찾아올 거예요. 그 순간을 놓치지 말고 "좋은 질문이네, 같이 알아보자" 하고 호응해 주세요. 물론 하루아침에 질문이 많은 아이로 변하진 않습니다. 그러나 이런 경험이 쌓이면 조금씩 '궁금한 건 질문해도 되는 거구나', '내 질문이 존중받는구나'라는 확신이 자리 잡아 자연스럽게 질문하는 습관으로 이어집니다.

중요한 것은 기다려주는 마음입니다. 씨앗이 싹트는 데 시간이 걸리듯, 아이들에게는 저마다의 속도가 있습니다. 당장 결과가 보이지 않는다고 조급해하지 말고, 그 과정을 인정해 주는 것이 먼저입니다. 서툰 질문이라도 괜찮습니다. 궁금해하는 마음이 싹트기 시작했다는 것만으로도 이미 큰 성장이니까요. 작은 변화에도 따뜻하게 칭찬해 주면 아이는 점점 더 용기를 내어 새로운 질문을 꺼내게 될 것입니다.

4 수준별 질문 전략으로 맞춤형 사고력 키우기

아이의 키가 커지면 옷 치수를 바꿔주듯, 질문도 아이의 발달 단계에 맞게 달라져야 합니다. 2학년 아이에게는 "주인공이 어떻게 행동했어?"처럼 사실을 확인하는 간단한 질문이 어울립니다. 하지만 5학년쯤 되면 "주인공의 행동을 보니 어떤 가치관을 가진 사람 같아?"처럼 생각을 확장하고 자기 의견을 덧붙일 수 있는 질문이 필요하지요. 초반에는 부모님께서 질문을 주도하시고, 아이가 익숙해지면 점차 질문 주도권을 아이에게 넘겨보세요. 아이가 직접 질문을 만들 때 질문하는 힘은 더욱 단단해집니다.

🌼 저학년 질문 전략 : 호기심의 씨앗 심기

저학년 아이들은 눈에 보이는 것, 구체적인 경험과 연결되는 것에 관심이 많습니다. 답도 단순하고 명확하게 나오길 원하죠. 하지만 동시에 상상력이 활발한 시기이기도 합니다. 이 시기에는 '누가, 언제, 어디서, 무엇을, 어떻게, 왜'라는 육하원칙 질문이 효과적입니다. 글을 정확히 이해하게 만들면서도 자연스럽게 생각의 폭을 넓혀주거든요.

👑 호기심 질문 연습 방법
- 아이와 나란히 앉아 교과서를 소리 내어 함께 읽기
- 글보다 그림을 먼저 보고 질문 던지기
- 한 번에 한 가지 질문만, 단순하고 짧게 하기
- 바로 답을 알려주기보다는 아이가 스스로 말할 시간을 충분히 주기

다음 편지글을 예로 들어 저학년 질문 전략 방법을 설명드리겠습니다.

희진이에게

희진아, 안녕? 나 수빈이야. 어제 미술 시간에 내가 네 색연필을 빌려달라고 했다가, 네가 안 된다고 하자 화를 내며 색연필을 바닥에 떨어뜨렸지. 순간 속상해서 경솔하게 행동한 것이 후

회돼. 정말 미안해. 사실 색연필 주인은 너니까 빌려줄지 말지는 네 마음에 달린 건데, 그걸 이해하지 못한 내 잘못이야. 네가 울고 있는 걸 보니 나도 마음이 아팠어. 앞으로는 화내지 않고, 친구 물건도 소중히 다룰게. 우리 다시 사이좋게 지냈으면 좋겠다.

11월 11일
수빈이가

👑 저학년 질문 예시 (육하원칙 활용)

① 누가 : 누가 누구에게 쓴 편지야?

② 언제 : 언제 있었던 일을 쓴 거야?

③ 어디서 : 어디서 이 사건이 일어났어?

④ 무엇을 : 수빈이는 무엇을 잘못했다고 했지?

⑤ 어떻게 : 네가 희진이라면 어떻게 반응했을까?

⑥ 왜 : 왜 수빈이는 희진이에게 편지를 쓰게 되었을까?

아이가 질문에 대답하면 "와, 잘 찾았네!"처럼 따뜻한 말로 격려해 주세요. 육하원칙 질문이 끝난 뒤에는 아이의 대답을 바탕으로 자연스럽게 연속 질문을 이어보세요.

고학년 질문 전략 : 사고력의 깊이 더하기

고학년이 되면 추상적인 사고가 가능해지고, 논리적인 연결과 인과 관계를 이해할 수 있는 인지 능력이 발달합니다. 또한 비판적 사고가 시작되어 하나의 상황을 다양한 관점에서 바라볼 수 있는 시기이기도 합니다.

마찬가지로 아래의 주장하는 글을 예로 들어 고학년 질문 전략 방법을 보여드리겠습니다.

제목 : 우리 학교에 텃밭을 만들어야 합니다.

요즘 우리는 식물이 어떻게 자라는지 잘 모르고 살아갑니다. 저는 우리 학교에 작은 텃밭을 만들어야 한다고 생각합니다.

첫째, 자연의 소중함을 배울 수 있습니다. 씨앗을 심고 물을 주며 식물이 자라는 과정을 직접 볼 수 있기 때문입니다.

둘째, 친구들과 협력하는 방법을 익힐 수 있습니다. 물주기, 잡초 뽑기, 수확하기를 나누어 맡으며 서로 돕는 법을 배우게 됩니다.

셋째, 건강한 먹거리에 대해 생각해 볼 수 있습니다. 직접 기른 채소를 먹으며 농약 없는 음식의 맛을 알 수 있습니다.

물론 비용이 들고 관리가 어렵다는 문제도 있습니다. 하지만 작은 화분으로 시작해 점차 넓히면 충분히 가능하다고 생각합니다. 따라서 우리 학교에도 텃밭이 꼭 필요합니다.

🌷 고학년 질문 예시

1) '왜'를 3번 반복하기
· 1차 : 왜 글쓴이는 텃밭이 필요하다고 주장했을까?
· 2차 : 왜 요즘 아이들이 식물이 자라는 과정을 잘 모를까?
· 3차 : 왜 글쓴이는 이 문제를 중요하게 여겼을까?

2) 관점 바꾸기
· 텃밭 만들기를 반대하는 사람은 어떤 의견을 낼까?
· 교장 선생님이 이 글을 본다면 어떻게 말씀하실까?
· 농부가 이 글을 읽는다면 어떤 기분일까?

3) 다른 과목과 연결하기
· 과학 시간의 '식물 성장 과정'과 어떻게 연결될까?
· 사회 시간의 '환경 보호'와 어떤 관련이 있을까?
· 도덕 시간의 '더불어 살아가기'와 어떤 공통점이 있을까?

🌸 전환기 질문 전략 : 질문을 구체화시키기

1) 3학년 → 4학년 전환기 (질문에 '왜' 더하기)

 3학년 : "이 글의 주제가 뭘까?"

→ 4학년 : + "그런데 왜 작가는 이 주제를 다루고 싶었을까?"

2) 4학년 → 5학년 전환기 (비판적 사고와 다양한 관점을 더하기)

 4학년 : "이 글의 결론을 종합하면 뭘까?"

→ 5학년 : + "이 결론에 대해 너는 어떻게 생각해? 다른 관점은 없을까?"

좋은 질문은 아이의 사고를 한 단계 끌어올리는 징검다리 역할을 합니다. 너무 쉬운 질문은 지루하게 만들고, 너무 어려운 질문은 좌절감을 줍니다. 아이가 조금 고민하면서도 도전해 볼 수 있는 수준의 질문이 가장 적절합니다. 오늘부터 교과서를 읽으며 아이 학년에 맞는 질문 하나만 골라 함께 나눠보세요. 교과서 활동에 적힌 질문 중 하나를 그대로 활용하셔도 좋고요. "엄마도 어떻게 질문해야 할지 잘 모르겠네. 우리 같이 연습해 볼까?" 하고 아이와 함께 배워가는 마음으로 시작해 보세요.

5 교과서 기반 질문 노트 만드는 방법

학습 능력이 우수한 아이들의 눈에 띄는 특징 중 하나는 수업 시간에 적극적으로 참여하며 질문하는 것입니다. 글을 읽고 내용을 해석하는 과정에서 스스로 예리한 질문을 끌어낼 줄 압니다. 다행히 이러한 능력은 타고나는 게 아닙니다. '질문 노트'를 꾸준히 작성하는 간단한 습관을 통해 기를 수 있습니다.

질문 노트는 특히 초등 국어교과서와 함께 활용하면 효과가 배가 됩니다. 교과서는 이미 아이들의 발달 단계에 맞춘 질문들을 풍부하게 담고 있어, 질문 노트를 위한 최고의 자료이기 때문이지요.

🌸 질문 노트 만들기 3단계

나의 질문 노트

날짜 :
교과/주제 :

질문 옆에 날짜를 적으면, 시간이 흐르면서 아이의 사고력이 어떻게 확장되고 깊어지는지 한눈에 볼 수 있습니다.

첫 장에는 '질문 일기', '호기심 탐험가의 발견 일지'와 같이 아이가 직접 질문 노트에 제목을 붙이고 꾸미도록 해보세요. 질문 노트에 대한 주인의식과 애착을 형성하는 과정입니다.

오늘의 질문

'누가, 언제, 어디서, 무엇을, 어떻게, 왜'와 같은 육하원칙의 의문사를 활용하여 질문을 만들 수 있도록 도와주세요. 모호한 궁금증도 구체적 질문으로 정리해 보는 연습 과정입니다.

내 질문은 어떤 유형인가요?
☐ 누가 ☐ 언제 ☐ 어디서 ☐ 무엇을 ☐ 어떻게 ☐ 왜 ☐ 기타

관련 키워드 :

내가 찾은 답

질문 아래에는 답을 적을 공간을 넉넉히 두고, 옆 여백엔 관련 질문이나 메모를 남길 수 있도록 합니다.

정보 출처 :

다음에 더 알아보고 싶은 질문

처음에는 아이가 "뭘 써야 할지 모르겠어요"라며 막막해할 수 있습니다. 그럴 땐 교과서에 나온 활동 질문 중 하나를 그대로 옮겨 적고, 간단히 자신의 답을 덧붙이는 방법부터 시작하면 됩니다. "글을 읽고 느낀 점을 말해봅시다" 같은 열린 질문을 참고해, "나는 왜 이 부분이 재미있었을까?"처럼 아이만의 질문으로 조금씩 변주해 보는 것도 좋습니다.

질문 노트의 핵심은 매일 하나씩 질문을 남기는 경험을 습관화하는 것입니다. 준비물은 아이가 직접 고른 마음에 드는 노트 한 권, 그리고 하루에 한 번 질문을 써보겠다는 다짐이면 됩니다. 고학년 아이들은 태블릿이나 메모 앱을 활용해도 좋습니다. 다만 검색과 정리가 편리한 도구를 고르는 것이 중요합니다. 안내 사항 3단계를 참고해 아이만의 질문 노트를 함께 만들어주세요.

기본 질문 노트 가장 단순한 형태입니다. 교과서에 나오는 질문 하나를 그대로 옮겨 적고, 자신의 답을 덧붙이는 것이 전부입니다. 오늘 날짜, 단원명과 쪽수, 교과서 질문, 그리고 아이의 답변을 차례로 적어 보세요. 처음에는 한 줄짜리 짧은 답변이라도 괜찮습니다. 이 단계의 핵심은 부담을 줄이고, 꾸준히 질문과 답을 쓰는 경험 자체에 익숙해지도록 돕는 것입니다.

기본 질문 노트 예시

날짜	9/2(월)
단원명/쪽	2-2(가) 1단원 '할머니의 하얀 집' / 23쪽

교과서 질문	할머니께서 집에 아무도 초대하지 않은 까닭은 무엇인가요?
내 답변	하얗고 예쁜 집에 더러운 것이 묻는 게 싫었기 때문이다.

응용 질문 노트 교과서 질문 하나에 답한 뒤, 아이가 스스로 질문 하나를 더 만들어 추가하는 방식입니다. 이어지는 질문을 덧붙이면서 아이는 '교과서 질문 → 내 질문 → 내 답변'의 과정을 경험하게 됩니다. 이렇게 하면 교과서 질문으로 시작해서 아이의 질문으로 생각을 확장할 수 있습니다. 부모는 아이가 만든 추가 질문을 듣고 칭찬해 주세요.

응용 질문 노트 예시

날짜	5/20(화)
단원명/쪽	3-1(나) 5단원 '그레이엄 할아버지께'/ 234쪽
교과서 질문	「그레이엄 할아버지께」에서 잭슨이 처음에 할아버지께 편지를 쓴 까닭은 무엇인가요?
내 답변	잭슨이 찬 축구공이 할아버지의 장미 정원으로 들어가 버린 것에 대해 사과하기 위해 썼다.
교과서 질문	내가 그레이엄 할아버지라면, 잭슨의 편지를 받고 어떤 답장을 보냈을까?
내 답변	사과해 줘서 고맙고, 다음부터는 조심해 달라는 답장을 보냈을 것이다.

심화 질문 노트 아이의 사고를 한 단계 끌어올리는 구조화된 양식을 활용합니다. 먼저 오늘 읽은 글에서 떠오른 가장 중요한 질문 하나를 적습니다. 그리고 그 질문과 관련된 핵심어 3~5개를 정리하면 아이

가 자신의 질문을 더 구체적으로 분석할 수 있습니다. 이어서 자신이 찾은 답과 더 궁금한 점을 적어보면서 생각을 논리적으로 정리하는 연습을 할 수 있습니다.

심화 질문 노트 예시

날짜	11/12(수)
교과 및 주제	'스마트폰 사용에 대한 찬반 논의' 토론문
오늘의 질문	초등학생에게 스마트폰 허용하는 가장 중요한 기준은 무엇일까?
내 질문 유형	무엇을 (어떤 기준을)
관련 키워드	안전, 중독성, 소통, 자기 조절력
내가 찾은 답	자기 조절 능력이 가장 중요한 기준이다. 스마트폰 자체는 도구일 뿐이고, 그것을 올바르게 사용할 수 있는 능력이 있는지가 핵심이다. 안전을 위해 급한 연락을 하거나 위치를 찾을 때는 필요하지만, 스스로 조절을 못해 일상에 문제가 생긴다면 사용에 좀 더 고민해야 한다고 생각한다.
정보 출처	교과서 본문, 통계청 자료
더 알아보고 싶은 질문	다른 나라 초등학생들은 스마트폰을 어떻게 사용하고 있을까?, 스마트폰 사용 조절력을 효과적으로 기르는 방법은 무엇일까?

질문 노트를 습관으로 만드는 방법

질문 노트의 효과는 지속성에서 나옵니다. 매일 정해진 시간에 쓰는 습관을 만드는 것이 핵심이에요. 아래 항목을 따라 해보세요.

시간 정하기	매일 같은 시간, 예를 들어 저녁 식사 후 10분, 숙제를 마치고 10분 등 아이와 부모 모두에게 부담이 되지 않는 시간을 정해봅니다.
장소 정하기	질문 노트는 늘 눈에 잘 띄고 쉽게 꺼낼 수 있는 자리에 둡니다. 책상 위나 침대 머리맡처럼 가까운 곳이 좋습니다.
주간 복습하기	일주일에 한 번은 지난 질문을 함께 살펴보며 답을 덧붙이거나 가장 마음에 드는 질문을 골라봅니다.
연결하며 확장하기	질문들을 서로 연결지어 생각해 보도록 합니다. 오늘의 질문이 어제의 질문과 어떻게 연결되는지, 새로운 질문으로는 무엇이 생각나는지 함께 이야기해 보세요.

질문 노트는 아이가 스스로 묻고 답하며 생각하는 힘을 기르는 성장 기록장입니다. 기본 단계에서는 질문하는 습관을 기르고, 응용 단계에서는 나만의 질문을 더해보며, 심화 단계에서는 질문을 체계적으로 정리해 사고의 폭을 넓혀갈 수 있습니다. 오늘 적어둔 작은 질문 하나가 내일의 깊은 사유로 이어지고, 이런 생각의 발자취가 쌓여 소중한 학습 기록장이 됩니다.

6 하루 한 개 질문으로
생각 근육 키우는 법

    자기주도 학습의 핵심은 스스로 배우고 생각하며 학습 과정을 주도해 나가는 것인데요. 그 중심에는 언제나 '질문'이 자리하고 있습니다. 아이가 글을 읽으며 의문을 품고 그 궁금증을 언어로 표현하며 답을 찾아가는 과정에서 진정한 배움이 시작됩니다.

    질문 노트에는 하루에 딱 하나, 의미 있는 질문을 기록해도 충분합니다. 처음부터 많은 질문을 요구하면 아이가 지쳐 포기하기 쉽기 때문에 양보다 질을 우선으로 접근하는 편이 좋아요. 그다음으로는 교과서를 읽으며 떠오른 질문 하나를 적게 하세요. 처음에는 육하원칙 가운데 하나만 활용해 간단히 써봐도 좋습니다. 가장 중요한 것은 꾸준히 이어가는 습관입니다. 하루에 1개씩만 적어도 한 달이면 30개, 한 학기면 100개가 넘는 질문이 쌓입니다. 이런 과정을 거치는 동안 아이의 사고력은 점점 단단해지고, 질문 노트는 생활 속 자연스러운 배움의 습관으로 자리 잡습니다.

아이가 스스로 질문하는 힘을 기를 수 있도록, 질문 노트를 활용해 자기주도 학습 능력을 키우는 구체적인 방법 5단계를 소개해 드리겠습니다.

질문 노트를 활용한 자기주도 학습법 5단계

1단계	교과서 다시 들여다보기	먼저 교과서를 꼼꼼히 다시 읽어봅니다. 인물의 말과 행동, 글쓴이의 생각을 중심으로 내용을 찾고, 중요한 부분은 밑줄을 긋거나 메모로 표시하게 하세요. 대부분의 답은 교과서 안에서 찾을 수 있습니다.
2단계	선생님께 직접 질문하기	교과서만으로 해결되지 않는다면 선생님께 직접 질문해 보게 하세요. 이는 의문을 말로 표현하는 훈련이자 모르는 것을 묻는 용기를 기르는 과정입니다.
3단계	친구들과 함께 생각 나누기	같은 질문을 두고 친구와 이야기 나누며 사고의 폭을 넓히는 방법입니다. 서로의 의견을 비교하고 조율하는 과정에서 사고의 유연성과 의사소통 능력도 함께 자랍니다.
4단계	도서관과 인터넷에서 자료 찾기	백과사전이나 관련 책을 찾아보거나, 함께 인터넷으로 자료를 검색해 보세요. 정보를 얻을 때는 출처와 신뢰도를 함께 판단하는 습관을 기르는 것이 중요합니다.
5단계	아이의 언어로 정리하고 기록하기	찾은 답은 베껴 쓰지 말고 아이의 언어로 요약해 보게 하세요. 책 제목, 페이지, 출처까지 함께 적는 습관을 들이면 나중에 다시 찾아볼 수 있는 좋은 자료가 됩니다.

질문 노트 활동에서 부모의 역할은 답을 알려주는 선생님이 아니

라, 함께 궁금해하고 탐구하는 파트너가 되는 것입니다. 때로는 부모도 모르는 질문이 나올 수 있습니다. 그럴 땐 솔직하게 "이건 엄마도 잘 모르겠는데 우리 함께 찾아보자"라고 말해보세요. 오히려 부모와 함께 알아가는 과정에서 더 큰 배움을 얻게 됩니다.

질문 노트에는 아이의 학습 이력, 사고의 깊이, 그리고 성장의 흔적이 고스란히 담깁니다. 몇 달 뒤 첫 페이지를 다시 들춰보면 아이의 질문이 얼마나 깊어졌는지, 사고력이 얼마나 자랐는지를 확인할 수 있을 거예요.

하나의 질문이 내일의 또 다른 질문을 불러오고, 그 질문이 더 깊은 탐구로 이어진다면 그것이야말로 진짜 공부이고 학습입니다. 질문은 아이가 성장하고 있다는 가장 분명한 신호입니다. 우리 아이의 질문 노트 한 장이 그 성장의 시작이 되기를 바랍니다.

3단계를 적용해 공부한 학생 사례

"호기심이 질문으로 이어졌어요"

초등 시절 공부는 어머니의 역할이 가장 컸습니다. 함께 교과서를 놓고서 한 쪽씩 읽고 풀었던 기억이 선명하게 남아 있습니다. 제 시야에서 궁금한 것을 여쭤보면 어머니께서 스스로 알아차릴 수 있도록 힌트를 주시고, 제가 답을 맞히면 같이 기뻐하는 과정이 자주 반복되었습니다. 그때 받았던 칭찬과 성취감이 지금까지도 궁금증을 찾고 해결하는 재미를 느끼는 데 큰 영향을 주었습니다.

— 김진섭 (서울대 산업공학 박사과정)

"질문하면서 깊이 이해했어요"

수업 시간마다 제가 두서없이 질문을 던져도 이예린 선생님께서는 언제나 이해하기 쉽게 설명해 주셨습니다. 덕분에 교과서 속 내용을 더 깊이 이해할 수 있었고, 수업도 한층 풍성하게 다가왔습니다. 기숙사 생활을 하며 사교육 없이 공부했지만, 모르는 것을 그냥 넘기지 않고 질문하며 답을 알아가는 습관이 제 공부의 큰 자산이 되었습니다.

— 김경수 (서강대 기계공학 학사)

"능동적인 질문으로 작품을 이해했어요"
이해하기 어려운 문학 작품을 만났을 때 '내 생각과 어디가 다를까? 또 다른 해석은 가능할까?'라는 질문을 이어가며 능동적으로 공부하면, 외우지 않아도 작품을 더 깊이 이해할 수 있다고 생각합니다. 국어 공부는 결국 좋은 질문에서 출발하기 때문입니다.

— 김수민 (이화여대 의학 학사)

"상상으로 질문으로 확장했어요"
교과서를 읽을 때 단순히 글자를 눈으로 보며 넘기지 않고, 장면을 머릿속에 그려보았습니다. 그리고 "왜 이렇게 표현했을까?"라는 질문을 던지면서 공부하니 이해도 쉽고 기억이 더 오래 남았습니다. 질문은 단순한 호기심이 아니라 학습을 이어가는 중요한 다리가 되어주었습니다.

— 윤지현 (이화여대 뇌인지과학 학사)

"질문으로 시선을 넓혔어요"
교과서를 단순히 문제 풀이 대상으로 보지 않고, "왜 이 장면이 중요할까?", "다른 맥락에서 어떻게 해석할 수 있을까?" 같은 질문을 스스로 던지며 읽었습니다. 반복해서 질문하다 보니 국어 공부를 넘어 글을 바라보는 시선 자체를 넓히는 경험을 할 수 있었습니다. 국어와 친해지고 기초를 잘 다져둔 덕분에 입시를 위한 공부뿐 아니라 모든 것의 기초가 되는 문해력을 기를 수 있었습니다.

— 최윤서 (서울대 수의학 석사과정)

6장

4단계 Develop : 지식과 생각 발전시키기

표현하는 순간, 아이의 실력이 자란다

1 읽고 쓰는 아이가 결국 이긴다

초등학교 과정은 모든 학습의 기초 체력을 기르는 중요한 시기라고 말씀드렸는데요. 이때 읽기와 쓰기 훈련이 자리 잡으면, 중학교 이후 심화 학습에서도 큰 힘을 발휘할 수 있습니다.

읽기에서 쓰기로 이어지는 과정은 크게 2가지로 나눌 수 있습니다. 하나는 지식 정리 쓰기, 즉 배운 내용을 정확하게 요약하고 정리하는 활동이고, 다른 하나는 자기 생각 표현 쓰기, 즉 배운 지식 위에 자기 의견과 감정을 덧붙이는 활동입니다. 이 2가지가 균형을 이룰 때 학업적 성취뿐 아니라 사고력과 표현력까지 고르게 성장합니다.

국어는 물론 수학 문제 풀이 과정 설명, 과학 실험 보고서 작성, 사회 현상 분석 글쓰기에 이르기까지 모든 교과는 읽고 이해한 내용을 자기 언어로 표현하는 능력을 필요로 합니다. 요즘처럼 정보가 넘쳐나는 시대에는 단순히 암기하는 능력보다 정보를 재구성하고 자신의 관점으로 해석하는 능력이 훨씬 중요한데요. 읽기와 쓰기를 연계한 국어 훈련은 이러한 능력을 가장 자연스럽게 길러주는 방법입니다.

다음 글을 예시로 2가지 쓰기 활동을 살펴보겠습니다.

식물은 다양한 기관이 서로 다른 역할을 하며 조화를 이루어 생명을 유지합니다. 먼저 뿌리는 흙 속에 있는 물과 양분을 흡수해 식물의 몸속으로 끌어 올립니다. 이 물과 양분은 줄기를 따라 잎까지 이동하게 됩니다. 줄기는 물과 양분을 운반하는 통로 역할을 하며, 식물의 몸을 지탱하기도 합니다. 잎에서는 광합성이 일어납니다. 광합성이란 햇빛, 이산화탄소, 물을 이용해 식물의 생명 유지에 필요한 양분을 만드는 과정을 말합니다. 이렇게 만들어진 양분은 줄기를 따라 식물의 꽃, 열매, 뿌리 등 다른 기관으로 보내져 전체가 성장할 수 있도록 도와줍니다. 이처럼 식물의 각 부분은 서로 연결되어 있으며, 각자의 역할을 다하면서 식물의 생명을 지탱합니다.

연계 활동 1 지식 정리 쓰기

교과서나 학습 내용의 핵심을 요약하고 재구성하는 활동입니다. 이 활동을 통해 사실을 올바르게 정리하고 핵심을 추려내는 방법을 연습할 수 있습니다.

기본 지식 정리 예시	응용 지식 정리 예시
· 식물의 뿌리는 흙에서 물과 양분을 흡수한다. · 줄기는 물과 양분을 잎으로 보내고 식물을 받쳐준다. · 잎에서는 햇빛을 받아 광합성을 하고 양분을 만든다. · 만든 양분은 다시 줄기를 통해 다른 기관으로 전달된다.	· 뿌리 = 물과 양분 흡수 · 줄기 = 물과 양분 운반 + 식물 지탱 · 잎 = 광합성 (햇빛 + 이산화탄소 + 물 → 양분 만들기) · 식물의 생존 원리 = 각 기관의 역할 + 협력

연계 활동 2 자기 생각 표현 쓰기

배운 내용을 바탕으로 자기 경험과 생각을 덧붙이는 활동입니다. 이 활동은 창의성, 비판적 사고, 공감 능력을 기르는 데 효과적입니다.

감정과 경험 연결 - 3학년 수준	비판적 사고와 확장 - 6학년 수준
식물이 햇빛을 받아 스스로 양분을 만든다는 게 신기했어요. 저도 햇빛이 비치면 기분이 좋아지는데, 식물도 그런 것 같아요. 우리 집 화분도 창가에 두면 잘 자라는 모습을 보면 알 수 있어요. 앞으로 물도 더 정성껏 줘야겠다고 생각했어요.	식물이 뿌리, 줄기, 잎처럼 각 부분이 제 역할을 하면서 함께 살아간다는 게 놀라워요. 한 부분이라도 역할을 하지 못하면 식물이 자라지 못하듯, 사람도 혼자서는 살 수 없으니 서로 도와야 한다고 생각해요. 그런데 환경오염 때문에 식물이 제대로 광합성을 못 한다는 뉴스를 봤어요. 우리가 환경문제를 더 신경 쓰고 노력해야 식물도 건강하게 자랄 수 있을 것 같아요.

아이에게 매일 글을 쓰라고 하면 부담을 느낄 수 있습니다. 하지만 환경을 조금만 바꾸어주면 쓰기는 훨씬 자연스럽고 편안한 활동이 될 수 있습니다. 예를 들어, "지금부터 글 써봐"라고 직접적으로 말하기보

다는 아이의 말을 잘 들어준 다음 "지금 이야기한 걸 짧게 문장으로 한 번 써볼까?"라고 제안하면 부담이 훨씬 줄어들죠. 쓰기 활동을 '과제'가 아닌 '대화의 연장선'으로 느끼게 해주는 것이 중요합니다.

🌱 자연스러운 대화 예시 (2학년)

부모 : 오늘 국어 시간에 뭐 배웠어?

아이 : 동물들이 자는 겨울잠에 대한 글을 읽었어요.

부모 : 어떤 동물이 제일 기억나?

아이 : 곰이요. 몇 달 동안 안 먹고도 살 수 있는 게 신기해요.

부모 : 그러면 지금 말한 곰에게 궁금한 내용을 담아 짧은 편지 한 줄만 써볼까?

글쓰기에서 중요한 건 완성도가 아니라 시도와 노력입니다. 맞춤법보다는 생각을 옮긴 용기를 칭찬해 주세요. "네가 고민한 흔적이 보여서 멋지다" 같은 따뜻한 피드백은 자기 효능감을 높입니다. 반대로 이 시기부터 작은 실수를 바로잡으려 하면 자신감을 잃기 쉽습니다. 처음엔 한 문장, 한 단락으로 시작해 점차 확장하는 것이 가장 효과적입니다.

🌸 학년별 읽기-쓰기 연계 가이드

글쓰기는 생각을 정리하는 가장 확실하고 효과가 좋은 방법입니다. 머릿속에서는 명확해 보이던 생각도 막상 글로 옮기려 하면 "이게 정말 맞나?" 하고 다시 점검하게 되죠. 글을 쓰는 과정에서 아이는 자신의 생각을 객관적으로 바라보고 부족한 점을 발견하며 더 논리적으로 정리하는 능력을 키워나갑니다. 그래서 짧은 글쓰기 활동만으로도 사고력과 문제해결력이 향상될 수 있습니다.

초등 1~2학년 : 느낌과 경험 중심

읽기	쓰기
그림책이나 짧은 동화를 소리 내어 읽으며 내용을 즐깁니다. 줄거리 이해보다도 인물의 기분, 장면의 분위기를 느끼는 것이 우선이에요.	읽은 뒤 "재밌었어요", "슬펐어요" 같은 감정을 한 문장 이상 표현해 봅니다. 부모가 받아 적고 아이가 이름만 쓰는 방식도 좋습니다.

예) 갑자기 뒤에서 호랑이가 나타나서 무서웠어요.

초등 3~4학년 : 내용 정리와 의견 표현

읽기	쓰기
교과서 설명문·이야기 글을 읽고 중심 내용을 찾습니다. 글에서 가장 중요한 사실이나 사건을 찾는 연습을 합니다.	읽은 내용을 3~4문장으로 요약하게 하고, 마지막에 자기 생각을 덧붙입니다. 이때 왜 그렇게 생각했는지 이유도 써봅니다.

예) 개미는 일을 나눠서 한다. 여왕개미는 알을 낳고, 일개미는 먹이를 모은다. 나는 개미들이 서로 도우며 사는 게 멋지다고 생각한다.

이제부터는 학년별로 어떤 읽기-쓰기 연계 활동에 중점을 두면 좋을지 구체적으로 살펴보겠습니다.

초등 5~6학년 : 분석과 창의적 재구성

읽기	쓰기
글쓴이의 의도나 관점을 찾아내고 글을 비판적으로 읽는 단계입니다. '왜 이렇게 썼을까?', '다른 방법은 없을까?'를 생각해 보도록 합니다.	자신의 주장을 논리적으로 구성하는 글을 쓰거나, 글의 일부를 패러디하거나 재구성해 봅니다. 창의적 변형을 통해 글의 구조를 이해합니다.

예) 글쓴이는 일회용품 사용을 줄이라고 했다. 나도 동의한다. 매일 사용하는 물건이어서 우리가 조금만 줄여도 환경에 큰 도움이 되기 때문이다.
예) '토끼전'을 읽고 자라의 입장에서 일기 쓰기, 교과서 글을 뉴스 기사로 변형하기 등

읽기와 쓰기를 연결하는 훈련은 지식을 아는 단계에서 멈추지 않고 사고하는 단계로 도약하게 합니다. 그런 의미에서 교과서의 한 단락을 말이나 글로 재구성하는 경험은 아이가 내용을 더 깊이 이해하고 창의적으로 응용할 수 있도록 돕습니다. 꾸준히 읽고 쓰는 습관을 지닌 아이는 지식을 받아들이는 수동적인 학습자가 아니라, 능동적으로 자기 생각을 표현하고 세상과 소통하는 '지식의 생산자'로 성장하게 됩니다.

2. 말로 설명할 수 있어야 진짜 실력이다

고등학교 시험 기간이 되면 교실에서 자주 볼 수 있는 장면이 있습니다. 바로 성적이 좋은 학생들이 교과서를 들고 친구들에게 개념을 설명하거나 서로 문제를 내고 답하는 모습입니다. 본인 공부만으로도 바쁠 텐데 왜 이렇게 할까요? 자신의 말로 설명했을 때 배운 내용을 가장 깊이 이해할 수 있다는 사실을 알고 있기 때문입니다.

설명을 잘하는 학생들은 대개 초등 시절부터 일상에서 말을 통해 표현하는 습관을 자연스럽게 길러 온 경우가 많습니다. 가족이나 친구에게 배운 내용을 알려주는 작은 경험들이 쌓여 지금의 설명 실력이 된 것이죠. 설명하는 과정에서 아는 내용을 논리적으로 정리하는 동시에 모르는 부분을 스스로 발견합니다. 이때 메타인지가 자라나게 됩니다.

설명을 반복할수록 표현력과 사고력은 자연스럽게 확장됩니다. 이 능력은 타고난 재능이 아니라 훈련으로 충분히 키울 수 있는 영역입니다. 다음 설명력을 키우는 4단계 방법을 참고하여 아이의 설명 실력을 차근차근 키워주세요.

아이의 설명력을 키우는 방법 4단계

1단계 한 문장 설명하기

1단계의 목표는 '머릿속 생각을 말로 꺼내는 경험 쌓기'입니다. 오늘 무엇을 배웠냐는 질문에 아이가 "주장에는 뒷받침 근거가 중요하다는 걸 알았어요" 정도로 답한다면 그것으로 충분합니다. 중요한 것은 '정확한 지식'이 아니라 생각을 말로 표현해 보는 '경험'입니다. 아이의 대답이 짧거나 엉성해 보여도 "네가 배운 걸 직접 말해주니 이해가 잘 된다"처럼 긍정적인 피드백을 해주세요. 만약 아이가 "몰라요"라고 답할 때는 교과서를 함께 보며 작은 힌트를 건네 자연스럽게 대화를 이어가면 좋습니다.

1단계 대화 예시

아이 : 오늘 배운 게 기억이 잘 안 나서 말을 못 하겠어요.

부모 : 괜찮아. 교과서를 보니까 오늘은 이 부분을 배웠을 것 같은데, 맞니?

아이 : 아, 맞다. 근거를 들어 말하는 방법을 배웠어요.

2단계 이유 덧붙이기

2단계의 목표는 '논리적 연결 능력 기르기'입니다. 한 문장으로 설명한 뒤 이유를 덧붙여 보는 겁니다. "왜 그렇게 생각했어?", "그 이유는 뭐야?"라고 질문을 이어가 보세요. 아이가 이유를 설명하기 어려워한다면 관련 내용을 간단히 짚어주며 대화를 나누세요. 정답을 찾는 것이 목적이 아니라, 자기 생각을 논리적으로 연결해 보는 경험 자체가 핵심입니다.

2단계 대화 예시

부모 : 오늘 배운 것 중 하나를 한 문장으로 말해줄 수 있니?
아이 : 주장을 뒷받침하는 근거가 중요하다는 걸 알았어요.
부모 : 왜 그게 중요할까?
아이 : 근거가 있어야 내 생각을 더 분명하게 설명할 수 있기 때문이에요.

3단계 선생님 놀이

3단계 목표는 '듣는 사람을 고려해 설명하는 연습하기'입니다. 아이에게 선생님 역할을 맡기고, 부모가 학생이 되어보세요. 설명 대상이 생기면 아이는 자연스럽게 듣는 사람의 입장을 고려해 말하게 됩니다. 아이가 설명하다 막힌다면 "그럼 교과서에서 다시 찾아보자"라고 이끌어주세요. 아이가 설명하기 어려워하는 부분이 바로 추가로 학습해야 할 지점입니다. "이 부분을 네가 설명할 수 있다면 진짜 네 지식이 되는 거야" 같은 격려도 함께 해주세요.

👑 3단계 대화 예시

아이 : 오늘은 주장과 근거에 대해 배울 거예요.

부모 : 그게 무슨 뜻이에요, 선생님?

아이 : 주장은 자기가 하고 싶은 말이고, 근거는 그걸 뒷받침하는 내용이에요.

부모 : 좀 어려운데 예를 들어 설명해 주세요.

4단계 녹음하고 들어보기

4단계의 목표는 '객관적으로 돌아보고 개선하기'입니다. 아이의 설명을 3~5분 정도 스마트폰이나 태블릿으로 녹음해 보세요. 자신의 설명을 스스로 들어보면 표현 습관을 객관적으로 확인할 수 있습니다. 녹음을 통해 말의 속도, 논리 흐름, 어색한 표현 등을 함께 점검해도 좋아요. 한 달 단위로 모아두었다가 첫 녹음본과 비교해 보면 성장이 확연하게 드러납니다.

👑 4단계 대화 예시

부모 : 네가 설명한 걸 같이 들어볼까?

아이 : 어, 제가 말이 좀 빨랐던 것 같아요.

부모 : 맞아, 그런데 논리 흐름은 지난번보다 훨씬 더 좋아졌구나!

설명의 기회는 특별한 시간에만 주어지는 것이 아닙니다. 식탁에서 나누는 짧은 대화, 산책길에서의 가벼운 이야기, 잠들기 전의 소곤거림 속에서도 충분히 만들 수 있습니다. 이 과정에서 설명이 서툴고 말이 자주 막히기도 하지만, 과정 자체가 아이에게 스스로 모르는 부분을 발견하고 채워가는 소중한 배움이 됩니다. 설명해 보려는 노력을 칭찬해 주세요. 부모의 따뜻한 반응은 아이에게 설명할 용기와 자존감을 심어주고, 결국 아이의 국어 실력이 뿌리를 내리는 힘이 되어줍니다.

3 문단을 문장으로 요약하는 정보 처리 연습

　같은 책을 읽어도 아이마다 실력 차이가 나는 이유는 '요약'에 있습니다. 읽기는 정보를 머리에 넣는 일방적인 과정이지만, 요약은 그 정보를 내 언어로 다시 구성해 표현하는 능동적인 과정이기 때문입니다. 한 문단을 한 문장으로 요약하는 연습은 아이의 사고력을 또렷하게 만들고 정보를 선별하며 정리하는 힘을 길러줍니다. 글을 요약하려면 내용을 정확히 이해해야 하므로 자연스럽게 핵심 내용과 부차적인 내용을 구별하는 눈도 생기게 됩니다. 핵심 문장 중심으로 줄여가면서 전체 구조를 파악하고 중요한 내용을 자기 언어로 다시 구성하는 요약 능력은 국어는 물론 사회, 과학, 수학 등 모든 교과 학습에 큰 도움이 됩니다.
　지금부터 단계별 한 문장 요약 방법을 소개합니다.

🌸 입문 단계 : 그림과 함께 요약하기

글로 요약하기를 아직 어려워한다면, 그림으로 표현하는 활동부터 시작해 보세요. 교과서 글을 읽고 가장 인상 깊었던 장면을 그림으로 그려본 다음, 그 아래에 짧게 한 문장을 적어 보는 방식입니다. 부모가 예시를 보여주며 자연스럽게 안내해 주면 도움이 됩니다. 2학년 1학기 국어(나) 5단원 '밤 다섯 개' 이야기 글을 예로 설명해 보겠습니다.

그림과 함께 요약하기 예시

활동	한 문장 요약
가장 인상 깊은 장면 그리기	주인공 또야가 다섯 명의 친구에게 밤을 하나씩 나눠주는 장면
그림 아래 한 문장 쓰기	또야는 엄마가 주신 밤 다섯 개를 친구들에게 모두 나눠 줬다.
전체 이야기 한 문장 요약	또야는 친구들에게 밤을 모두 나눠 주고 자신은 못 먹게 되어 울었지만, 엄마가 밤을 하나 더 주셔서 모두 함께 맛있게 먹었다.
느낀 점 한 문장	친구들과 나누는 또야의 마음이 따뜻하고, 또야를 위해 우는 친구들도 참 착해 보인다.

🌸 기본 단계 : 육하원칙으로 한 문장 요약하기

조금 더 발전하면 육하원칙을 활용해 연습을 할 수 있습니다. 이 방법은 글의 흐름을 논리적으로 정리하고 핵심 정보를 빠짐없이 담는 데 큰 도움이 됩니다. 처음에는 빈칸 채우기처럼 질문을 하나씩 던지고, 아이가 대답한 내용을 모아 자연스러운 문장으로 이어주는 방식이 효과적입니다. 3학년 1학기 국어(나) 5단원 '까망이와 까미' 이야기 글을 예로 설명해 보겠습니다.

👑 육하원칙 요약 대화 예시

부모 : 이 이야기에는 누가 나왔지?

아이 : 까망이랑 까미요.

부모 : 언제 일어난 일이야?

아이 : 햇볕이 쨍쨍한 여름날이요.

부모 : 어디서 무엇을 했어?

아이 : 이곳저곳 날아다니다가 물이 든 병을 찾았어요.

부모 : 그럼 까망이와 까미는 어떻게 했어?

아이 : 까미는 물 마시기가 어려워서 포기하고 집으로 갔는데, 까망이는 작은 돌멩이를 물병 속에 넣어서 물이 올라오게 한 다음 마셨어요.

부모 : 왜 물을 쉽게 마시지 못했을까?

아이 : 부리가 짧아서 물에 닿지 않았거든요.

부모 : 와, 잘했어! 지금까지 네가 말한 걸 한 문장으로 이어서 말해볼까?

아이 : 음… 까망이와 까미는 목이 말라서 물을 찾았는데, 까미는 부리

가 안 닿아 포기했지만 까망이는 돌멩이를 넣어서 물을 마실 수 있었어요.

👑 육하원칙 빈칸 채우기 예시

육하원칙 빈칸 채우기	완성한 답
누가 : ......와/과......이/가 언제 : ......한 날 어디서 : ......에서 무엇을 : ......을/를 했다. 어떻게 : ......했다. 왜 : ......때문이다.	누가 : 까망이와 까미가 언제 : 햇볕이 쨍쨍한 여름날 어디서 : 이곳저곳 날아다니다가 무엇을 : 물이 든 병을 찾았다. 어떻게 : 병 속에 든 물을 마시기가 어려워서 까미는 포기하고 갔지만 까망이는 돌멩이를 넣어서 물을 올라오게 해서 마셨다. 왜 : 목이 몹시 말랐기 때문이다.
세 문장 요약 연습	까망이와 까미는 가뭄 때문에 목이 말라 물을 찾으러 갔다. 물병은 찾았지만 부리가 짧아 마실 수 없어서 까미는 포기했다. 그러나 까망이는 돌멩이를 넣어 물을 올려 마셨다.
한 문장 요약 연습	목이 말라 물병을 찾았는데 까미는 부리가 짧아 포기했지만, 까망이는 돌멩이를 넣어 물을 마셨다.

🌸 심화 단계 : 글을 구조적으로 요약하기

고학년이 되면 글을 구조적으로 분석하며 요약하는 훈련으로 확장할 수 있습니다. 중요한 문장에 밑줄을 긋고, 이를 모아 간단한 요약문을 만든 뒤 완성된 문단을 다시 자기 말로 정리하는 방식입니다. 4학년 2학기 국어(나) 4단원 '약, 잘 쓰고 잘 버리는 방법'을 예로 들어보겠습니다.

👑 구조적 요약하기 예시

중요한 문장 골라 밑줄 긋기	· 약을 잘 쓰고 잘 버리는 건 우리 자신의 건강을 위해서뿐만 아니라 다른 사람들, 다른 생물들, 또 우리 후손의 건강을 위해서도 중요한 일이에요. · 약은 환경오염을 일으킬 수 있기 때문에 잘 버려야 해요. · 이건 나 혼자만의 문제가 아니라 전 인류, 전 생물의 문제가 되는 거랍니다.
밑줄 그은 부분 한 문장 요약하기	약을 올바르게 사용하고 버려야 우리와 모든 생물의 건강을 지킬 수 있다.
요약문 완성하기	약을 잘못 버리면 환경 오염으로 동물들이 피해를 보고, 결국 인류에게도 영향을 미친다. 따라서 우리와 후손의 건강을 위해 약을 올바르게 써야 한다.

위 단계에 익숙해지면 다음으로는 글 속 문제 상황 - 해결 방법 - 결과와 의미를 차례대로 분석해 보는 활동으로 확장할 수 있습니다.

👑 심화 단계 요약 예시

문제 상황	약을 잘못 버려 생기는 환경오염과 생물 피해, 내성균 발생 위험
해결 방법	약국·보건소에 폐의약품 반납, 소비기한 확인 후 사용, 올바른 보관·처리
결과/의미	개인 건강 보호, 환경과 생물 보전, 미래 세대 건강 지키기
핵심어 정리	폐의약품 수거, 환경오염, 내성균, 소비기한, 올바른 처리
한 문장 요약	약을 함부로 버리면 환경오염과 내성균 문제가 생기므로, 올바르게 사용하고 약국에서 처리해야 모든 생물의 건강을 지킬 수 있다.

단계별 요약 훈련을 꾸준히 해나가면 교과서를 읽고 난 뒤 "아, 이 부분이 중요하구나" 하고 스스로 짚어낼 힘이 길러집니다. 이렇게 쌓인 요약 습관은 단순히 시험을 위한 공부 기술이 아니라, 매일 배운 내용을 정리하고 자기 언어로 표현할 수 있는 힘으로 이어지지요. 작은 문단을 압축하는 반복 훈련이 결과적으로 사고를 조직하고 생각을 글과 말로 풀어내는 아이의 평생 학습력이 되는 것입니다.

4 국어교과서로 시작하는 생각 확장 글쓰기 방법

"우리 아이가 글쓰기를 싫어해요."

많은 부모님이 하시는 고민입니다. 아이들이 글쓰기를 어려워하는 진짜 이유는 처음부터 긴 글을 완벽하게 써야 한다는 부담감 때문입니다. 어른들도 백지 앞에서는 막막함을 느끼는데, 아이들에게는 더욱 큰 벽처럼 느껴질 수밖에 없죠. 그렇다면 방법은 무엇일까요? 바로 '한 문장만 써보자'라는 제안입니다.

한 문장이라 별것 아닌 듯해 보여도, 이게 아이 머릿속 생각을 꺼내는 첫걸음이에요. 한 문장이 두 문장으로, 두 문장이 세 문장으로 이어지면서 어느새 한 문단이 되고 결국 글로 완성되는 거죠.

이때 국어교과서 글로 시작하면 좋습니다. 이미 읽어본 내용이니까 부담이 없고, 거기서 내 생각을 살짝 덧붙이기만 하면 돼요. '이야기 글'에서는 인물의 마음을 상상하거나 내 경험과 연결해 한 문장을 써볼 수 있고, '설명이나 주장 글'에서는 자신의 생각을 한 문장으로 정리하는 글쓰기를 시작할 수 있지요. 지금부터 구체적으로 교과서 본문을 예로 들어 소개하겠습니다.

글 종류별 접근법

접근법 1 이야기 글로 연습하기

이야기 글은 아이가 쉽게 몰입할 수 있는 좋은 재료입니다. 글을 읽고 등장인물의 마음에 공감하거나 내 경험을 떠올리며 한 문장을 써보는 것부터 시작합니다. 3학년 2학기 국어(가) 2단원 '신기한 구슬' 이야기 글을 예로 적용해 보겠습니다.

이야기 글 '신기한 구슬' 내용 요약

> 열 살 생일을 기다리던 강토는 할아버지의 갑작스러운 병환으로 인해 부모님으로부터 생일을 챙겨 받지 못했다. 서운해하던 강토에게 할머니께서 대신 생일상과 함께 할아버지께서 미리 준비해 두신 신기한 구슬을 전해주셨다.

👑 이야기 글로 확장 글쓰기 예시

관점	예시 문장
감정 표현	나라면 생일인데 엄마가 깜빡했다면 정말 속상했을 것 같다.
경험 연결	나도 할머니가 내 생일을 기억해 주셨을 때 정말 기뻤던 적이 있다.
인물 평가	타인의 상황을 고려하여 생일 이야기를 못 꺼내는 강토는 배려심이 많다고 생각한다.
의견 제시	가족이 힘들 때일수록 서로에게 더 힘이 되어줘야 한다고 생각한다.
상상하기	할아버지가 주신 구슬에서 어떤 일이 일어날지 궁금하다.

한 문장이 익숙해지면, 연결어를 활용해 두세 문장으로 늘려보세요. 여러 문장의 연결이 자연스러워지면 그다음엔 한 문단을 완성해 볼 수 있습니다. 3단계 구조를 활용하여 하나의 문단이 완성되는 방법을 다음의 예로 살펴보겠습니다.

한 문장에서 문단으로 확장하는 방법	예시 문장
첫 번째 문장 : 생각/의견 ↓ (왜냐하면, 그 이유는) 두 번째 문장 : 이유/근거 ↓ (따라서, 그래서) 세 번째 문장 : 결론/다짐	한 문장 : 강토는 배려심이 많다고 생각한다. 한 문단 : 강토가 생일 이야기를 꺼내지 않은 건 배려심이 많은 행동이라고 생각한다. 왜냐하면 자신의 기쁨보다 할아버지를 먼저 생각했기 때문이다. 따라서 나도 가족이 힘들 때 배려하는 마음을 가져야겠다.

아이가 한 문장을 쓰고 난 뒤에 막히면 다음의 대화를 참고해 생각 확장에 도움을 주세요.

👑 실제 대화 예시

부모 : 구슬이 등장하는 것으로 이야기가 끝났는데 그다음에는 어떤 일이 일어날 것 같아?

아이 : 마법 같은 일이 생길 것 같아요.

부모 : 만약 네가 그 구슬을 가지고 있다면 뭘 하고 싶어?

아이 : 할아버지 병을 낫게 해드리고 싶어요.

부모 : 정말 좋은 생각이네. 그 내용도 함께 써보자.

아이 : 구슬에서 신비로운 일이 일어날 것 같아 궁금해요. 만약 정말 마법의 힘이 있다면 할아버지 병을 낫게 해드리고 싶어요.

접근법 2 주장하는 글로 연습하기

주장하는 글을 활용한 한 문장 쓰기 연습은 아이가 글쓴이의 의견을 이해하고 그에 대한 자신만의 생각을 논리적으로 정리하는 훈련입니다. 글쓴이가 제시한 주장과 근거를 파악하는 동시에 그 내용에 동의하거나 반박하며 자신의 경험과 연결하거나 추가적인 해결책을 제안해 보게 됩니다. 4학년 1학기 국어(가) 2단원 '하나면 충분합니다' 주장하는 글을 예로 적용해 보겠습니다.

주장하는 글 '하나면 충분합니다' 내용 요약

> 다회용 제품을 사용한다고 해서 무조건 환경을 보호하는 것은 아니며, 제대로 사용하지 않으면 오히려 환경에 나쁠 수 있다. 통컵의 경우 최소 2주 이상 꾸준히 사용해야 환경보호 효과

가 나타나므로, 하나의 다회용 제품을 오랫동안 사용하는 것이 진정한 환경보호 방법이다.

주장하는 글로 확장 글쓰기 예시

관점	예시 문장
주장 의견	글쓴이 말이 맞다. 다회용 제품은 하나를 오래 쓰는 게 더 중요하다.
경험 연결	우리 가족도 통컵을 여러 개 샀지만 결국 쓰는 것만 쓰고 있다.
문제 인식	환경을 위한다며 자꾸 새로 사는 건 소비를 늘리는 일이다.
해결책 제안	정말 필요한지 생각하고 하나만 골라 오래 써야 한다.

주장하는 글에서는 기본적으로 '주장 → 근거 → 결론' 순서로 문단을 구성합니다. 이 구조를 활용해 논리적 사고를 기를 수 있는 다양한 방식의 글을 써볼 수 있습니다.

한 문장에서 문단으로 확장하는 방법	예시 문장
첫 번째 문장 : 주장 ↓ (내 의견은 무엇인가) 두 번째 문장 : 근거/설명 ↓ (왜 그렇게 생각하는가) 세 번째 문장 : 결론/다짐 (어떻게 행동할 것인가)	글쓴이의 주장처럼 환경보호를 위해서는 올바른 사용법이 가장 중요하다고 생각한다. 아무리 좋은 의도로 다회용 제품을 사도 제대로 사용하지 않으면 오히려 환경에 해가 되기 때문이다. 지금 가지고 있는 텀블러와 에코백을 더 자주, 더 오래 사용하는 습관을 만들어야겠다.

주장하는 글을 읽은 후에는 아이와 함께 다음과 같은 대화를 나누며 생각을 확장해 보세요.

👑 실제 대화 예시

아이 : 환경을 생각한다고 하면서도 은근히 쇼핑을 더 하는 경우도 많은 것 같아요.

부모 : 어떤 걸 보고 그렇게 생각했어?

아이 : 우리 가족도 집에 에코백이 몇 개 있는데 예쁜 가방이 있으면 또 사곤 하잖아요.

부모 : 맞네. 그럼 우리는 어떻게 하면 좋을까?

아이 : 진짜 필요한 것만 사고 하나를 오래 써야 해요.

부모 : 구체적으로 어떻게?

아이 : 물건 사기 전에 정말 필요한지, 오래 쓸 수 있는지 생각해 봐야 해요.

부모 : 정말 좋은 기준이네.

아이 : 진정한 환경보호는 새 물건을 계속 사들이는 것이 아니라, 정말 필요한 물건만 신중히 선택해 구입해 하나를 오래 아끼며 사용하는 데 있다고 생각해요.

접근법 3 일상 속 간단한 쓰기 연습법

한 문장으로 시작하는 글쓰기는 생각을 정리하고 표현하는 능력을 키우며 아이에게 글쓰기에 대한 자신감을 심어줍니다. 또한 자신을 알아가는 소중한 과정이기도 합니다. 아이가 자신이 무엇을 좋아하는지,

어떤 가치관을 지니고 있는지, 무엇을 꿈꾸는지를 발견할 수 있도록 한 문장씩 써보면서 대화를 나누어보세요.

하루 한 문장 일기	아이가 매일 그날 있었던 일 중 가장 기억에 남는 것을 한 문장으로 써보도록 제안해 보세요. 익숙해지면 왜 기억에 남았는지 이유를 한 문장 더 덧붙여 쓰도록 도와주세요.
감정 표현 연습	"오늘 기분이 어때?"라고 물어보고 아이가 대답한 감정을 한 문장으로 쓰도록 합니다. 예를 들어 "좋아요"라고 답하면 "제가 좋아하는 친구랑 함께 놀아서 정말 좋아요"처럼 구체적으로 표현하도록 이끌어주세요.
의견 말하기 연습	뉴스나 책을 읽고 "너는 어떻게 생각해?"라고 물어본 뒤, 아이의 의견을 한 문장으로 쓰게 합니다.
상상력 키우기 연습	"만약 네가 마법사라면?", "만약 시간을 되돌릴 수 있다면?" 같은 상상 질문을 던져 창의적인 문장을 쓰도록 유도해 보세요

일상에서 자연스럽게 글쓰기 습관을 만들어가면 아이는 어느새 자신만의 생각을 깊이 있게 펼치고 세상과 소통하는 힘을 갖게 될 것입니다. 모든 위대한 글도 첫 번째 문장에서 시작되었습니다. 오늘 아이의 첫 문장을 응원해 주세요.

5 교과서를 우리 아이만의 콘텐츠로 발전시키는 힘

　지금까지 국어교과서 ROAD 맵의 4단계인 Read(읽기), Organize(정리하기), Ask(질문하기)를 거쳐 Develop(발전시키기)의 여러 방법을 살펴보았습니다. 이제 완성 단계인 콘텐츠로 재구성해 지식을 발전시키는 방법을 소개하겠습니다.
　재구성이란 아이가 교과서를 수동적으로 받아들이는 학습자에서 벗어나, 자신만의 방식으로 새롭게 만들어내는 능동적 창조자로 성장하는 과정입니다. 콘텐츠를 재구성하면 어떤 효과가 있을까요? 우선 내용에 대한 이해도가 높아집니다. 교과서 속 내용을 자신의 언어와 방식으로 재구성하려면 내용을 완전히 이해해야 하고, 이를 새로운 형태로 바꾸는 과정에서 창의적인 사고가 필요하기 때문입니다. 또한 스스로 만든 콘텐츠는 훨씬 기억에 오래 남습니다. 자신의 손과 머리를 거쳐

재탄생된 지식은 쉽게 잊히지 않기 때문이지요. 아이의 학년과 특성에 맞춰 다양한 방법으로 재구성을 시도해 볼 수 있습니다.

🌸 입문 단계 : 놀이처럼 즐기기

1학년 2학기 국어(가) 4단원 '소금을 만드는 맷돌'을 예로 들어 설명해 보겠습니다.

재구성 활동 1 그림책 만들기

교과서 속 이야기를 아이만의 그림책으로 재구성하는 활동입니다. 글을 함께 읽은 뒤, 중요한 장면이나 기억에 남는 문장을 몇 개 고릅니다. 각 장면에 맞게 아이가 그림을 그리고 짧은 문장으로 설명을 덧붙입니다.

재구성 활동 2 역할극 놀이

아이와 함께 이야기 속 인물이 되어 상황에 대화를 나누고 연기하는 활동입니다. 먼저 아이와 인물을 나누어 맡습니다. 그다음 교과서 속 장면을 대화로 재현해 봅니다.

👑 역할극 대화 놀이 예시

부모(임금님) : 나와라, 밥!
아이(도둑) : 나와라, 소금!

부모 : 소금이 쏟아져 나오는데, 어떻게 표현하면 좋을까?
아이 : 손으로 이렇게 뿌려지는 것처럼 해요!

"배가 기울어질 때 어떤 동작을 하면 좋을까?", "도둑이 멈추는 말을 까먹었을 때는 어떤 표정을 지었을 것 같아?" 등으로 상황을 변형하거나 확장하며 대화를 이어가면 더욱 좋습니다.

기본 단계 : 구조적으로 정리하기

3학년 1학기 국어(가) 3단원 '플라스틱의 두 얼굴'을 예로 들어 설명해 보겠습니다.

'플라스틱의 두 얼굴' 내용 요약

> 플라스틱은 심각한 환경오염의 원인이 되고 있습니다. 플라스틱은 자연 분해되는 데 300년에서 500년이라는 긴 시간이 걸리기 때문에, 땅에 묻힌 플라스틱 쓰레기가 토양을 오염시킵니다. 또한 바다로 유입된 플라스틱은 해양 생태계를 크게 훼손하고 있습니다.

재구성 활동 1 만화 및 웹툰 만들기

글을 읽고 아이와 대화하며 4~6컷 만화로 재구성해 보세요.

👑 4컷 만화 그리기 대화 예시

부모 : 방금 읽은 플라스틱 이야기를 4컷 만화로 그려보자. 뭐부터 그릴까?

아이 : 우리 집에 있는 플라스틱 물건들부터 그릴래요. 블록 장난감이랑 물병을 그리면 되겠어요.

부모 : 그래, 좋아. 두 번째 칸에는 글에서 다룬 플라스틱의 장점을 표현해 볼까?

아이 : 네. 그림 그리면서 말풍선에 '가볍고 튼튼한 플라스틱'이라고 쓸게요.

부모 : 또 글에 무슨 내용이 있었지?

아이 : 환경오염 문제도 있었어요. 땅에 묻힌 플라스틱 쓰레기가 300년 후에도 그대로 있다는 걸 그려 넣을게요.

부모 : 마지막은 우리가 생각한 해결책을 그리면 좋을 것 같은데, 어때?

아이 : 좋아요. 일회용 컵 대신 텀블러를 사용하는 제 모습을 그려볼게요.

재구성 활동 2 뉴스 리포터 놀이

교과서 내용을 재구성해 뉴스처럼 보도하는 활동입니다. 아이가 기자가 되어 육하원칙에 맞게 뉴스 원고를 쓰고 발표해 봅니다. 교과서 글 내용 요약하기 → 뉴스 원고로 작성하기 → 완성된 뉴스 발표하기 총 3단계로 이루어집니다.

🌷 발표 놀이 예시

아이 : 안녕하세요, 환경 뉴스입니다. 오늘은 플라스틱 쓰레기 문제에 대해 알아보겠습니다. 현재 전 세계에서 플라스틱 쓰레기가 환경을 심각하게 오염시키고 있습니다. 플라스틱은 썩는 데 무려 300년에서 500년이나 걸리기 때문입니다. 플라스틱 쓰레기가 땅에 묻히면 토양이 오염되고, 바다로 흘러 들어가면 해양 생물들이 위험해집니다. 우리가 플라스틱 사용을 줄이고 올바른 분리수거를 한다면 이 문제를 해결할 수 있습니다. 지금까지 환경 뉴스였습니다. 시청해 주셔서 감사합니다.

❀ 심화 단계 : 창의적으로 확장하기

초등 고학년이 되면 추상적 사고가 발달하면서 보다 복합적이고 창의적인 재구성이 가능해집니다. 이 시기의 아이들은 설명하는 글, 정보 글 등에서 핵심 개념을 파악하고 이를 바탕으로 다양한 방식으로 재구성할 수 있습니다. 예를 들어, 설명하는 글 '세종대왕과 한글 창제'를 활용해 다음과 같은 활동을 시도해 볼 수 있습니다.

설명하는 글 '세종대왕과 한글 창제' 예시

세종대왕은 조선의 제4대 임금으로, 우리나라 역사상 가장 존경받는 위인입니다. 당시 우리나라 사람들은 한자를 사용했지만, 한자는 배우기 어려워 일부 사람들만 글을 읽고 쓸 수 있었습니다. 일반 백성들은 자기 생각을 글로 표현할 수 없어 답답해했습니다. 1443년, 세종대왕은 집현전 학자들과 함께 훈민정음을 완성했습니다. 많은 신하의 반대가 있었지만, 세종대왕은 백성을 사랑하는 마음으로 끝까지 포기하지 않았습니다.

재구성 활동 1 다른 장르로 바꾸기

설명문을 이야기, 시, 편지 등 다른 장르로 바꾸어보는 활동입니다. 위의 설명문을 세종대왕과 집현전 학자가 주고받는 편지 형식으로 바꾸거나, 백성이 한글을 배우고 느낀 소감을 담은 짧은 시로 표현할 수도 있습니다.

🌷 장르 창작 예시(시)

한자는 멀고 어려운 길
어진 임금 세종은
백성의 한숨을 들으셨네

1443년, 훈민정음
오늘 우리의 말 속에
세종의 사랑이 살아 있네

재구성 활동 2 SNS 프로필로 재구성하기

교과서 속 인물이나 상황을 현대적인 시각에서 새롭게 바라보고 SNS에 등장하는 인물처럼 프로필을 만들어보는 활동입니다. 아이들은 인물의 특징, 업적, 성격, 가치관 등을 요약하고 간단한 소개 문구, 해시태그, 관심사 등을 창의적으로 구성하면서 자연스럽게 핵심 내용을 정리하게 됩니다. '세종대왕'의 SNS 프로필을 만든다면 다음과 같이 표현할 수 있습니다.

👑 SNS 프로필 만들기 예시

인공지능 시대에 더 이상 단순 암기나 반복으로 기계를 뛰어넘기는 어렵습니다. 그러나 지식을 새롭게 바라보고, 자기 시각으로 재구성하는 힘은 사람만이 할 수 있는 고유한 능력입니다. 교과서를 아이만의 콘텐츠로 발전시키는 경험은 미래 사회가 요구하는 창의적 사고와 표현력을 키우는 가장 확실한 방법입니다.

그림, 만화, 이야기, 노래, 영상, 녹음 등 어떤 방식이든 상관없습니다. 중요한 것은 스스로 생각하고 재구성하는 경험입니다. 교과서 속 내용이 아이만의 독창적인 콘텐츠로 다시 태어나는 그 과정을 기꺼이 격려해 주세요.

6 표현하며 성장하는 '국어 포트폴리오' 만들기

공부는 결국 기억과의 싸움입니다. 아무리 열심히 공부한 내용도 시간이 지나면 잊히기 마련이지요. 그러나 배운 내용을 꾸준히 표현하고 기록해 두면 그 지식은 오래도록 자신의 것으로 남습니다. 제가 관찰해 온 학업 성취가 뛰어난 아이들은 학습 내용을 체계적으로 정리하고 기록하는 습관이 몸에 배어 있었는데요. 실제로 자사고에서 만난 한 학생은 이렇게 말했습니다.

"처음에는 부모님이 권유하셔서 초등학교 때부터 교과서 내용을 정리해 모아두었는데요. 가끔 다시 꺼내서 보면 제 공부 성장 과정이 한눈에 보이더라고요."

가장 효과적인 방법은 바로 '성장 포트폴리오'를 만드는 것입니다. 국어 성장 포트폴리오란 아이가 국어교과서를 통해 배우고 느낀 것을 체계적으로 정리해 보관하는 학습 기록 저장소입니다. 질문, 생각의 변화, 새롭게 알게 된 점, 느낀 점들이 시간 순서대로 차곡차곡 쌓이며 세상에 단 하나뿐인 나만의 학습 이야기가 완성되지요. 마치 예술가가 작품 포트폴리오를 통해 자신의 성장을 보여주듯, 아이도 학습 포트폴리오를 통해 학업 성장의 과정을 직접 확인해 볼 수 있습니다.

무엇보다 포트폴리오의 가장 큰 힘은 아이 스스로 느끼는 성취감에서 옵니다. 언젠가 실력이 눈에 띄게 늘지 않는 것처럼 보이는 순간이 와도, 포트폴리오를 펼쳐보고 "내가 이렇게 공부했구나", "그때는 이런 생각을 했네" 하며 누적된 흔적 속에서 자신이 성장해 온 과정을 확인할 수 있습니다.

포트폴리오를 성공적으로 운영하는 데는 3가지 원칙이 있습니다.

첫째, 완벽함보다 꾸준함이 중요합니다. 일주일에 한두 번, 10분이라도 기록해야 기록하는 습관이 더 오래갑니다. 둘째, 부모보다 아이 중심으로 이루어져야 합니다. 포트폴리오에 무엇을 담을지 아이가 고르게 하세요. 부모의 기준보다 아이의 흥미와 선택을 존중해 주세요. 셋째, 결과보다 과정을 소중하게 여겨주세요. 수정 자국, 실패한 흔적, 생각이 전환된 부분 등이 포트폴리오의 핵심 가치입니다. 아이가 성장해 가는 길을 그대로 남겨두세요.

🌼 ROAD 맵으로 구성하는 국어 성장 포트폴리오

전체적인 구성은 ROAD 맵의 읽기 기록, 정리 노트, 질문 모음, 표현 발전 4단계에 성장 종합을 포함한 총 5개 영역으로 만듭니다. 이는 평소 실천해 온 교과서 학습법과도 자연스럽게 연결됩니다.

1) 읽기 기록 Read
: 교과서를 읽으며 새로 배운 단어, 중요한 문장, 인상 깊은 부분 적기
2) 정리 노트 Organize
: 표, 그림, 색깔 표시, 마인드맵 등으로 스스로 정리하기
3) 질문 모음 Ask
: 교과서를 읽으며 생긴 궁금증이나 스스로 만든 질문 적기
4) 표현 발전 Develop
: 편지, 만화, 포스터, 발표 대본 등 창의적인 방식으로 표현하기
5) 성장 종합 Growth
: 이번 단원을 통해 느낀 점, 달라진 점, 앞으로의 다짐 적기

4학년 2학기 국어(가) 2단원 '한글을 사랑한 외국인, 헐버트' 교과서 내용을 예로 들어 국어 성장 포트폴리오 작성 방법을 설명하겠습니다.

교과서 지문 '한글을 사랑한 외국인, 헐버트' 요약

1886년 미국에서 온 교사 헐버트는 조선의 학생들을 가르

치기 위해 한국에 왔습니다. 그는 조선어를 빠르게 습득하며 한글의 과학성과 우수함에 깊은 감명을 받았습니다. 당시 조선에서는 양반들이 한자를 중시하여 한글이 제대로 활용되지 못하는 상황이었는데, 헐버트는 이를 안타깝게 여겨『사민필지』라는 세계 지리서를 한글로 저술했습니다. 그는 한글이야말로 신분과 성별에 관계없이 누구나 쉽게 배울 수 있는 우수한 문자라고 생각했고, 미국 신문에 한글의 과학성을 소개하는 기사를 써서 한글을 세계에 처음으로 알렸습니다. 외국인이면서도 한글의 가치를 인정하고 누구보다 한글을 사랑했던 헐버트는 한글의 우수성을 널리 알리는 데 평생을 바쳤습니다.

읽기 기록 "오늘 배운 건 뭐지?"

교과서 속 글을 읽고 이해한 내용을 정리하는 공간입니다. 새로 배운 단어, 중요한 문장, 인상 깊었던 내용, 느낀 점 등을 기록합니다.

새로 알게 된 단어 3개와 뜻
① 단어 : 육영공원 / 뜻 : 우리나라 최초의 서양식 학교
② 단어 : 언문   / 뜻 : 한글의 옛 이름
③ 단어 : 허비   / 뜻 : 쓸데없이 낭비함

가장 기억에 남는 문장

지혜로운 사람은 이틀도 채 걸리지 않으며, 어리석은 사람도 열흘 안에 우리 글자를 익힐 수 있다.

이 문장을 고른 이유

외국인도 인정할 만큼 한글이 쉽고 과학적이라는 걸 보여주기 때문이다.

읽으면서 느낀 점

헐버트는 외국인이지만 당시 한글의 우수성을 깨닫고 세계에 적극적으로 알리려 했던 모습이 감동적이었다.

정리 노트 "한눈에 보이게 정리해 볼까?"

아이 스스로 읽은 내용을 정리해 보는 공간입니다. 중심 내용을 요약하고 표, 그림, 색깔 표시, 마인드맵 등 어떤 방식이든 괜찮아요. 시간 순 정리, 비교표, 색깔 구분 정리, 마인드맵, 그림 등 이해하기 쉬운 자신만의 방식으로 정리하는 것이 가장 중요합니다.

중심 내용 3줄 정리

① 헐버트는 한글의 과학성과 우수성에 감명받았다.
② 『사민필지』를 한글로 쓰고 세계에 소개했다.

③ 평생 한글의 가치를 알리는 데 힘썼다.

내가 만든 정리

① 헐버트의 한글 사랑 과정 시간순 정리

: 1886년 조선 도착 → 조선어 회화 습득 → 한글 쓰기 익힘 → 『사민필지』 한글로 출간 → 미국 신문에 한글 소개

② 한글 vs 한자 비교표 만들기

	한글	한자
배움 난이도	쉬움	어려움
주 사용층	누구나	양반층
특징	과학적 자모음 체계	복잡한 수만 개의 뜻글자

③ 중요한 내용 색깔별로 정리하기

- 빨간색 : 한글의 장점
- 파란색 : 헐버트의 업적
- 초록색 : 당시 조선의 상황

질문 모음 "궁금한 게 뭐지?"

교과서를 읽으며 떠오른 궁금증이나 스스로 만든 질문을 적은 다음, 직접 답변을 찾아보고 생각해서 글을 써봅니다.

오늘의 질문

헐버트는 왜 고국을 떠나 먼 조선까지 와서 교육에 힘썼을까?

내 답변

헐버트는 교육을 통해 조선을 도우려는 마음이 있었고, 그 과정에서 한글의 과학성을 발견했기 때문이다.

이 글을 읽고 더 알고 싶어진 것

최근 외국인들이 우리 한글을 배우고자 하는 이유가 뭘까?

표현 발전 "내 방식으로 표현해 보자"

읽고 정리한 내용을 새롭게 표현해 보는 단계입니다. 그림, 글, 만화, 뉴스 등 형식은 자유로워요. 배운 내용을 자신의 언어로 재구성해 보는 경험을 해보는 거예요.

오늘의 활동

· 헐버트에게 감사 편지 쓰기

· 한글의 우수성을 외국 친구에게 설명하는 발표 대본 써보기

· 헐버트의 일생을 4컷 만화로 그리기

· 한글과 다른 나라 문자를 비교하는 포스터 만들기

· "내가 만약 헐버트라면?" 상상 일기 쓰기

성장 종합 "내가 더 알게 된 것과 달라진 점은?"

앞의 과정을 거치며 아이가 스스로 어떻게 성장했는지를 되돌아보는 공간입니다. 세부 항목으로 나누어도 좋고, 공부하며 느낀 점이나 생각의 변화를 중심으로 자유롭게 적어도 좋습니다. 중요한 건 결과보다 '나의 변화'를 인식하는 경험입니다.

새롭게 알게 된 것 한 가지
한글이 외국인에게도 인정받을 만큼 과학적이고 우수한 문자라는 점

가장 기억에 남는 활동
헐버트에게 편지를 쓰면서 내 마음을 진심으로 표현한 것

다음에 해보고 싶은 것
다른 나라 문자와 한글을 비교해 보는 활동

부모님 한 말씀
"이렇게 꼼꼼히 정리해 두니 누가 봐도 한눈에 이해가 되겠다!"

아이가 교과서를 읽고 떠올린 질문 하나, 새롭게 알게 된 단어 하나를 빈 종이에 적어 파일에 끼워두는 행동에서부터 포트폴리오 작성이 시작됩니다. "오늘 헐버트 이야기에서 가장 기억에 남는 게 뭐였어? 포트폴리오에 넣어볼까?"처럼 제안해 보세요. 처음에는 조금 귀찮고 번거로울 수 있어요. 하지만 몇 달 후 아이와 함께 첫 장을 다시 펼쳐보면 얼마나 많이 성장했는지 실감하게 될 거예요. 그 기록은 분명 아이에게도 뿌듯한 자산이 될 것입니다.

국어 성장 포트폴리오
기본 양식

날짜 :   단원명 :

1) 읽기 기록 – "오늘 배운 건 뭐지?"

교과서를 읽고, 새롭게 알게 된 단어와 인상 깊었던 내용을 기록해 보세요.

새 단어 3개
① 단어 :   뜻 :
② 단어 :   뜻 :
③ 단어 :   뜻 :

가장 기억에 남는 문장

이 문장을 고른 이유

읽으면서 느낀 점

2) 정리 노트 － "한눈에 보이게 정리해 볼까?"

배운 내용을 한눈에 보기 좋게 정리해 보세요.

중심 내용 3줄 정리
① ....
② ....
③ ....

내가 만든 정리 (시간순 정리, 비교표, 색깔별 정리, 마인드맵, 그림 등)

3) 질문 모음 － "궁금한 게 뭐지?"

글을 읽으며 생긴 궁금한 점을 적어보고, 내 생각으로 답해보세요.

오늘의 질문 1

질문 : ....

내 답변 : ....

오늘의 질문 2 (선택)

질문 : ....

내 답변 : ....

이 글을 읽고 더 알고 싶어진 것

....

4) 표현 발전 – "내 방식으로 표현해 보자"

배운 내용을 바탕으로 오늘의 표현 활동 중 하나를 선택해 보세요.

☐ 인물에게 편지 쓰기
☐ 새 결말 상상하기
☐ 내용을 만화나 그림으로 표현하기
☐ 발표 대본 또는 뉴스 대본 쓰기
☐ 주제와 관련된 창작 글쓰기 (시, 일기, 광고 문구 등)
☐ 기타 나만의 활동 : ....

5) 성장 종합 – "내가 더 알게 된 것과 달라진 점은?"

오늘 활동을 마치고 나의 변화를 스스로 돌아보는 시간입니다.

새롭게 알게 된 것 한 가지
....

가장 기억에 남는 활동
....

다음에 해보고 싶은 것
....

부모님 한 말씀
아이의 표현과 노력을 응원하는 문장을 한 줄로 적어주세요.
" .... "

🌸 수준별 맞춤 포트폴리오 활용 가이드

국어 성장 포트폴리오 안에 아이가 읽은 글의 핵심 문장, 기억에 남는 낱말, 스스로 만든 질문, 짧은 요약이나 그림을 차곡차곡 담아보세요. 단계별 개요와 활동을 한눈에 보기 좋게 표로 정리했습니다. 예시일 뿐 참고해 주세요.

단계	입문 단계	기본 단계	심화 단계
방법 개요	글보다는 그림과 간단한 단어 중심으로 구성할 수 있도록 도와주세요. 아이가 그린 그림에 부모가 아이의 말을 받아 적어주시는 것도 좋아요.	본격적인 글쓰기를 시작할 수 있는 수준에서 질문과 답변을 짧게 적어보고, 새로 배운 단어들을 자신만의 방식으로 정리해 봅니다.	좀 더 체계적인 정리가 가능해지는 시기에는 단원별로 배운 내용을 종합해서 정리하거나 여러 단원의 내용을 연결해서 생각해 보는 활동도 할 수 있습니다.
읽기 기록	새로 배운 단어를 그림으로 표현하기	중요한 문장 찾아 적기, 새 단어 뜻 정리하기	배경지식과 연결해서 깊이 있게 이해하기
정리 노트	이야기 순서를 그림 3장으로 나타내기	핵심 내용 3가지로 정리하기	마인드맵, 도표 등으로 구조화하기
질문 모음	"왜?" "어떻게" 질문 1개씩 만들기	궁금한 점 2~3개 만들기	비판적 사고가 담긴 질문 만들기
표현 발전	인상 깊은 장면 그림으로 그리기	인물에게 편지 쓰기, 다른 결말 상상하기	주제 의식이 담긴 창작물 만들기
성장 종합	오늘 새로 알게 된 것을 한 문장으로 쓰기	이전 학습과 비교해서 달라진 점 찾기	학습 방법에 대한 성찰과 개선 방안 생각하기

포트폴리오를 더 특별하게 만드는 3가지 방법

방법 1 월말 성장 리뷰 쓰기

한 달이 끝날 때나 학기 말에는 아이와 함께 성장 포트폴리오를 리뷰하는 시간을 가져보세요. 성장 리뷰 시간은 아이가 스스로 발전한 부분을 돌아보고, 그동안 배운 내용을 자신의 언어로 정리해 보는 시간이기도 합니다.

예) "네 기록 중 가장 마음에 드는 페이지는 어디니?"

방법 2 가족 발표회 하기

아이에게 포트폴리오 중에서 가장 자랑하고 싶은 부분을 고르게 하고 가족들 앞에서 3분간 발표하는 시간을 가져보세요. 할머니, 할아버지께 영상통화를 걸어 보여드리는 것도 좋습니다. 가족과의 정서적 교감을 통해 학습 동기를 높일 수 있습니다.

예) "오늘은 교과서에 소개된 헐버트라는 인물에 대해 발표할게요. 헐버트는 미국에서 온 선생님인데, 한글이 너무 쉽고 과학적이라고 놀랐고 나중에는 한글을 사랑하게 되었대요. 저도 헐버트처럼 한글이 좋고, 자랑스러워요. 그래서 헐버트에게 감사 편지도 써봤어요."

방법 3 디지털 병행 포트폴리오 만들기

기본적인 기록은 손으로 작성하되, 특별한 활동이나 작품은 디지털로 보완하는 방식을 추천합니다. 글씨를 직접 쓰는 행위를 통해 사고 정리 능력을 기를 수 있고, 디지털 도구를 활용해 표현력과 창의력을 높일 수 있습니다.

예)
- 헐버트가 한글을 배우는 과정을 동영상으로 만들기
- 『사민필지』를 소개하는 북 트레일러 촬영하기
- 한글의 우수성을 외국인에게 설명하는 영상 제작하기
- 새로 배운 단어로 문장 만들고 음성 녹음하기

한 단원이 끝날 때마다 아이와 함께 '돌아보기 시간'을 갖는 것은 매우 중요합니다. 포트폴리오 파일을 처음부터 다시 펼쳐보며 아이가 어떤 질문을 했고 어떤 점을 어려워했는지 함께 살펴보세요. 한 달에 한 번 정도는 앞선 기록들과 비교하며 '성장'에 관한 대화를 나누는 시간을 가져보길 권합니다.

또한 아이 스스로 이전과 달라진 점을 발견하고 표현할 수 있도록 도와주는 것이 좋습니다. 예를 들어, "지난달에는 어려워했는데, 이번엔 잘 해냈네", "이 부분은 계속 발전시키고 싶다고 했었지?"와 같은 질문을 던지면서 자연스럽게 대화를 이어가 보세요. 자신에게 맞는 효율적인 학습 방법을 찾아가는 데 도움이 됩니다.

성공적인 포트폴리오의 핵심은 아이의 말과 생각을 존중하며 자유롭게 기록할 수 있도록 돕는 데 있습니다. 결과에 치중하기보다 아이가 자신의 느낌과 생각을 솔직하게 표현하는 과정에 집중하도록 도와주세요. 몇 달 뒤 첫 장을 다시 펼쳐보면, 선명하게 찍힌 아이의 성장을 함께 확인하게 될 것입니다. 그리고 그 경험이 아이에게 가장 든든한 배움의 자산이 되어줄 것입니다.

4단계를 적용해 공부한 학생 사례

"읽고 쓰고 설명하며 발전시켰어요"

의사가 된 후 사람들과 소통하며 논문을 읽고 쓰고, 발표하는 과정을 거치면서 언어 능력의 중요성을 절실히 깨달았습니다. 정확히 읽고 제대로 이해하는 힘이 곧 전문직에서의 실수와 성취를 가르는 기준이 되었기 때문입니다. 환자에게 설명하거나 연구를 정리할 때도, 수많은 독서를 통해 다져온 읽기와 쓰기의 힘이 큰 자산이 되었습니다. 국어 공부가 단순한 과목이 아니라 삶 전체를 지탱하는 토대였음을 실감합니다.

— 김윤수 (고려대 의학 학사)

"배운 내용을 설명하며 지식을 확장했어요"

저는 학원에 다니지 않고 혼자 공부했는데, 공부할 때마다 어머니께서 옆에 앉아 계셨습니다. 교과서에서 새로 읽은 이야기 중 감명 깊었던 부분은 어머니께 설명해 드리고 감상을 나누었습니다. 읽는 데서 멈추지 않고 설명하면서 지식을 확장하니 기억이 오래 남았습니다. 새로 배운 낱말은 따로 적어 두었다가 일상에서 직접 사용하며 제 것으로 만들었습니다.

— 김규리 (서울대 행정대학원 정책학 박사과정)

"자연스럽게 받아들이며 해석하는 힘을 쌓았어요"

학문에 접근하는 가장 효과적인 방법은 자연스럽게 받아들이는 것입니다. 명사 뒤에 조사가, 동사 뒤에 어미가 붙는다는 사실을 암기하는 대신, 그것이 당연하게 느낄 때 학습 속도는 훨씬 빨라집니다. 이렇게 자연스럽게 읽고 해석하며 받아들이는 힘이 쌓이면, 시간이 부족한 상황에서도 국어 실력을 발전시킬 수 있습니다. 이처럼 결국 지식을 내 것으로 만드는 과정은 자연스러운 이해와 표현에서 시작됩니다.

— 김수민 (이화여대 의학 학사)

"지문을 넘어 생각을 확장하는 힘을 길렀어요"

책으로 읽었던 작품을 훗날 영화로 다시 보면서, 어린 시절 제 상상이 스크린 속 장면보다 훨씬 풍부하고 다채로웠다는 걸 깨달았습니다. 그만큼 초등학교 시절의 독서는 단순한 읽기를 넘어 상상력을 키워준 행복한 시간이었지요. 상상한 내용을 말하고 글로 표현하는 경험은 제 생각을 확장하는 힘이 되었습니다. 이와 마찬가지로, 교과서 공부도 읽는 데서 그치지 않고 쓰기와 표현으로 이어질 때 비로소 지식이 진짜 내 것이 된다고 생각합니다.

— 김예지 (동국대 한의학 학사)

"읽고 쓰며 사고를 확장했어요"

교과서를 읽고 나서 제 언어로 설명하거나 글로 정리하는 습관을 들였습니다. 정보가 넘쳐나는 AI 시대일수록 핵심을 파악하고, 문제를 구조적으로 바라보며, 비판적으로 사고하는 '국어의 힘'이 더욱 중요해지고 있는데요. 읽기에서 쓰기로 이어지는 과정에서 저의 사고가 깊어졌고, 그 습관은 사회인이 된 지금까지도 이어져 큰 자산이 되고 있습니다.

— 이준영 (서울대 화학/전기정보공학 학사)

하루 15분
교과서로 완성하는
국어 성장 루틴

7장

국어교과서 ROAD 맵 이렇게 시작하세요

1 하루 15분 국어 학습의 효과

"정말 하루 15분으로 될까요?"

학원에서는 최소 50분 이상, 어떤 곳은 90분, 120분씩 국어를 가르치는데 15분으로 충분할지 반신반의하는 분들이 많으실 거예요. 하지만 여기서 냉정하게 살펴볼 필요가 있습니다. 지금 학원에서의 학습이 아이에게 실제로 도움이 되고 있는지, 아이의 사고력과 표현력을 길러주는 방향인지 말이에요. 만약 그렇지 않다면 단순히 시간만 보내고 있을 수도 있습니다.

오랜 시간 학교에서 아이들을 지도하며 느낀 점은, 국어 실력을 결정짓는 건 시간의 양보다 질이라는 겁니다. 실제로 최상위권 학생들은 조금씩이라도 매일 꾸준히 공부해야 한다는 사실을 누구보다 잘 알고 실천합니다. 시간의 길이가 아니라 학습의 깊이에 집중하는 것이죠. 국어는 학교나 학원에서 배운다고 저절로 실력이 자라는 과목이 아닙니다. 스스로 중심 문장을 고르고 질문을 만들며 생각을 정리하고 말로 표현할 때 성장하게 됩니다. 이 능력은 반드시 아이가 직접 경험하고 실천해야만 길러집니다.

이 책에서 하루 15분을 공부 시간으로 잡은 이유는 초등학생이 부담 없이 집중할 수 있으면서도 거부감이 들지 않는 적정 시간이기 때문입니다. 시간을 더 많이 투자해야 효과가 있을 것 같지만 제가 관찰한 현실은 그 반대였습니다. 아이가 1시간 동안 앉아 있어도 실제로 집중하는 시간은 15분도 안 되는 경우가 더 많았기 때문입니다. 반면 진짜 집중해서 15분을 보내면 그 효과는 훨씬 뛰어납니다. "15분쯤이야. 나도 할 수 있어"라는 마음을 갖게 하여 가볍게 도전해 보도록 만듭니다. 시작부터 끝까지 온전히 집중할 수 있고, 매일 반복되니까 자연스럽게 습관이 되어 실력으로도 직결됩니다. 부모님의 "오늘 딱 15분만 공부하자"라는 제안으로 부담 없이 시작한 아이들은 "벌써 15분이 끝났어요?"라고 말할 만큼 순조롭게 공부 습관을 들일 수 있었습니다.

짧은 시간이라도 집중하는 연습을 반복하면, 처음엔 5분도 어려워하던 아이가 점차 몰입하여 다른 공부에도 도움이 되는 집중력을 기를 수 있게 됩니다. 매일 조금씩 성취를 경험하면서 "나도 할 수 있구나"라는 자신감도 얻습니다. 날마다 생각을 정리하고 표현하는 훈련을 통해 사고력 역시 발달하게 됩니다. 무엇보다 이 15분은 아이에게 '부모님이 나에게만 집중해 주는 시간'이라는 따뜻한 기억으로 남아, 공부뿐 아니라 부모와 아이의 관계에도 온기를 채워 줍니다.

🌸 하루 15분씩 쌓아가는 의미 있는 학습

국어 실력은 매일 조금씩 쌓는 훈련과 습관으로 만들어집니다. 실제로 많은 아이를 가르치며 '15분'이라는 시간이 마법 같은 힘을 발휘하는 사례들을 수없이 목격해 왔습니다. 중요한 것은 이 시간을 얼마나 의미 있게 꾸준히 지속하느냐입니다. 작은 노력이 차곡차곡 쌓이면 어느 날 분명히 아이의 변화가 보일 것입니다. 부담스럽지 않으면서도 의미 있는 학습을 할 수 있는 시간, 그것이 바로 이 15분입니다.

성공적인 15분 학습을 위한 원칙 4가지를 소개하겠습니다.

첫째, 국어교과서를 함께 읽는 15분만큼은 아이에게 온전히 집중해 주세요. 부모가 스마트폰을 만지거나 TV를 켜두었으면서 아이만 알아서 잘하기만을 바라는 건 욕심입니다. 실제로 최상위권 학생들의 부모님들이 가장 어렵지만 반드시 지키셨다는 핵심 원칙이니, 이 시간만큼은 아이의 전부가 되어주세요. 짧지만 밀도 있는 15분이 누적되면 아이에게는 긍정적인 공부 경험 이상의 따뜻한 기억으로 남게 됩니다.

둘째, 빠른 성과를 기대하지 마세요. "일주일이나 했는데 왜 달라진 게 없지?"라는 생각이 들 수 있습니다. 하지만 진짜 변화는 적어도 한 학기 정도는 지나야 서서히 드러나기 시작합니다. 하루 빠졌다고 "내일은 두 배로 30분 해야지" 하며 부담을 주실 필요도 없습니다. 며칠 놓쳐도 괜찮습니다. 중요한 건 완벽하게 지키는 것보다 끊기지 않고 꾸준히 이어가는 것입니다.

셋째, 가볍고 즐겁게 시작하세요. 아이가 실천을 힘들어하지 않도록 가볍게 시작하는 것이 중요합니다. 평소 학습 속도가 느린 아이라면 15분 안에 목표한 분량을 끝내지 못할 수도 있어요. 이럴 땐 억지로 마무리하려 하지 말고, 시간이 되면 멈춘 뒤 다음 날 이어서 하면 됩니다.

넷째, 결과에 집착하기보다 과정을 함께 지켜봐 주세요. "어제 읽은 건데 왜 기억이 안 나?"처럼 확인하려 들면 아이는 금세 위축됩니다. 초등학생 때는 완벽한 기억이나 성과보다도 좋은 학업 습관과 태도를 만드는 게 더 중요하기 때문입니다.

이제 우리, 한 학기 동안만이라도 아이와 함께하는 15분을 실천해 보기로 약속해 볼까요? 매일 못 하더라도 괜찮습니다. 어떤 날은 단 5분만 하게 될 수도 있고, 어떤 날은 빠질 수도 있어요. 완전히 놓지만 않으면 성공입니다. 그렇게 조금씩 쌓이다 보면 어느 날 문득 아이의 작은 변화들이 눈에 보이면서 하루 15분이 결코 적은 시간이 아니었다는 사실을 깨닫게 될 거예요.

2. 교과서 한 쪽부터 시작하는 4주 실천 챌린지

국어교과서 ROAD 맵은 교과서를 통해 생각하고 표현하는 힘을 기르는 과정입니다. 별도의 교재나 어려운 기법이 필요하지 않습니다. 그 시작은 단 15분, 교과서 한 쪽을 제대로 읽는 것에서 출발합니다.

이 장에서는 앞서 소개한 국어교과서 ROAD 맵 학습법의 4단계, 즉 읽기Read, 정리Organize, 질문Ask, 발전Develop 과정을 4주간 하루 15분씩 실천해 보는 챌린지를 소개합니다. 간단하면서도 강력한 이 루틴은 아이의 사고력, 표현력, 독해력을 동시에 키우는 데 효과적입니다. 이 루틴을 성실히 따라가다 보면 국어 실력은 물론, 자기주도 학습 습관까지 자연스럽게 형성됩니다.

🌸 1주 차 읽기 : 교과서와 친해지기 작전

1주 차는 아이가 교과서와 친해지도록 돕는 시기로, 하루 15분 교과서 몇 쪽을 소리 내어 읽는 것이 전부입니다. 이때 아이가 중간에 틀리게 읽거나 속도가 느리더라도 괜찮습니다. 중요한 것은 '정확함'이 아니라 '익숙함'입니다. 타이머를 맞추고 읽기를 시작한 뒤, 아이가 또박또박 읽으면 "네 목소리로 들으니까 귀에 쏙쏙 들어오네" 같은 따뜻한 피드백을 주세요. 이 시기의 목적은 교과서를 자연스럽게 읽는 습관을 형성하는 것입니다.

🌷 1주 차 활동

1) 오늘 읽은 느낌 한 줄
....

2) 읽고 난 뒤 생각
....

🌸 2주 차 정리 : 핵심을 찾으며 정리해 보기

읽기에 익숙해졌다면, 이번 주에는 읽은 내용을 정리하는 연습을 시작합니다. 가장 중요하다고 생각하는 문장을 아이 스스로 고르도록 합니다. 밑줄을 긋거나 색연필로 동그라미를 쳐도 좋습니다. "가장 중요한 문장은 뭐야?", "왜 이 문장이 중요하다고 생각해?"라는 2가지 질문으로도 충분합니다. 아이가 고른 문장이 정답에서 벗어나더라도 그 이유를 묻고 들어주세요. 이 과정을 통해 아이는 스스로 생각하고 설명하는 힘을 키워갑니다.

👑 2주 차 활동

1) 내가 생각하는 가장 중요한 문장

....

2) 가장 중요하다고 생각한 이유

....

🌸 3주 차 질문 : 호기심 폭발! 질문왕 되기

읽기와 정리에 익숙해졌다면, 다음은 질문을 만들어보는 단계입니다. "왜 여기에 이 말을 썼을까?", "나라면 어떻게 했을까?", "이 글을 읽고 새롭게 알게 된 건 뭐야?"와 같이 교과서 내용을 기반으로 물어보면 됩니다. 아이의 질문이 짧고 단순해도 괜찮습니다. 중요한 건 질문을 통해 글을 더 깊이 이해하고, 자기 삶과 연결하는 경험을 하는 것입니다. 부모는 질문과 대화를 이어가며 아이의 사고를 틔우는 역할을 해주세요.

👑 3주 차 활동

1) 이 글을 읽고 떠오른 질문

....

2) 그 질문을 하게 된 이유

....

3) 나의 대답

....

🌼 4주 차 발전 : 우리 아이가 선생님이 되는 시간

마지막 주는 배운 내용을 바탕으로 말과 글로 표현하며 확장하는 단계입니다. "이 글을 한 문장으로 요약해 줄래?", "이걸 동생한테 알려준다면 어떻게 말할 거야?" 같은 질문을 통해 아이가 스스로 지식을 설명해 보게 해주세요. 설명이 어색하거나 미흡하더라도 괜찮습니다. 이 과정 자체가 아이가 배운 내용을 자기 언어로 재구성하는 중요한 훈련이기 때문입니다. 필요하다면 부모가 먼저 예시를 보여주고, "너의 설명을 들으니 이해가 잘된다" 같은 긍정적인 피드백으로 자신감을 불어넣어 주세요. 말로 설명하는 경험은 정보를 '이해한 지식'으로 바꾸는 중요한 과정입니다.

👑 4주 차 활동

1) 이 글을 한 문장으로 요약해 보기

2) 선생님이 된 것처럼 설명해 보기

3) 설명해 본 후 느낀 점

오늘부터 아이와 함께 교과서를 편 뒤 소리 내어 읽고, 중심 문장을 고르고, 질문을 던지고, 스스로 말로 정리하는 국어교과서 ROAD 맵 4단계 활동을 시작해 보세요. 이 활동은 아이의 국어 실력뿐 아니라 평생 학습의 기초를 다지는 의미 있는 경험이 될 것입니다.

이 과정을 천천히 따라가는 4주 실천 챌린지는 아이에게 '공부 기술'보다 '매일 읽기 습관'을 만들어 주고, 부모와 함께 보내는 뜻깊은 시간을 선물합니다. 무엇보다 매일 조금씩 읽기 이해력과 표현력이 단계적으로 늘어납니다.

ROAD 맵
활용 4단계 양식

1주 차 – 읽기

오늘 읽은 느낌 한 줄

읽고 난 뒤 생각

2주 차 – 정리

내가 생각하는 가장 중요한 문장

가장 중요하다고 생각한 이유

3주 차 – 질문

이 글을 읽고 떠오른 질문

그 질문을 하게 된 이유

나의 대답

– 발전

이 글을 한 문장으로 요약해 보기

선생님이 된 것처럼 설명해 보기

설명해 본 후 느낀 점

종합

시간순 정리, 비교표, 색깔별 정리, 마인드맵, 그림 등 자유롭게 표현하기

3 학년별 국어 루틴 실천 가이드

아이의 발달 단계를 고려하지 않은 국어 학습은 금세 좌절로 이어지기 쉽습니다. 아이마다 이해력과 표현력의 발달 속도가 다르므로, 하루 15분의 루틴을 끝까지 따라가기 어려운 경우도 충분히 생길 수 있고요. 앞에서도 강조했듯이, 중요한 건 꾸준히 실천하는 것입니다. 아직 글을 읽는 것이 낯선 아이에게 무리하게 글쓰기를 시키거나, 혼자 생각을 정리하기 어려운 아이에게 질문만 던진다면 결국 부담을 느껴 금방 지쳐버릴 수 있습니다.

같은 국어교과서 ROAD 맵 학습법이라도 아이의 발달 수준에 맞는 적절한 활동을 선택해야 합니다. 이 장에서는 예비 초등학생부터 6학년까지, 맞춤형 ROAD 맵 루틴을 소개합니다. 우리 아이에게 맞는 수준으로 4단계를 조절하되 하루 15분씩 천천히 이어가 보세요.

🌸 예비 초등 ROAD 맵

　미취학 시기의 아이들은 한글 배우는 속도가 제각각이고, 글자를 알더라도 의미를 온전히 파악하며 읽기는 어렵습니다. 글자 하나하나를 소리 내어 읽는 데 집중하느라 내용까지 이해할 여유가 없지요. 하지만 누구보다 호기심이 많고 상상력이 풍부해 이야기에 대한 관심은 매우 높습니다.

　따라서 이 시기의 핵심 목표는 읽기 자체보다는 '이해'와 '표현'의 경험을 자연스럽게 연결해 주는 것입니다. 교과서가 아직 없으므로 교과서 대신 그림책을 활용한 루틴을 소개합니다.

1) 읽기
: 부모가 그림책을 소리 내어 읽어주기

2) 정리
: 가장 기억에 남는 장면을 아이가 그림으로 표현하기

3) 질문
: 이 장면에서 주인공은 어떤 기분이었을까?

4) 발전
: 아이가 그린 그림에 제목 붙이기, 부모가 아이의 말을 받아 적기

이야기 글 '플랜더스의 개'를 예로 들어보겠습니다.

소년 네로와 할아버지는 가난하지만 서로를 의지하며 살아 갑니다. 그림에 재능이 있던 네로는 충직한 개 파트라슈와 함께 하루하루를 견뎌냅니다. 하지만 어려운 현실과 불운이 이어져 결국 할아버지가 세상을 떠나고, 네로와 파트라슈는 크리스마스 이브에 성당의 루벤스 그림 앞에서 마지막 밤을 보낸 뒤 함께 생을 마감합니다. 네로의 순수한 꿈과 파트라슈의 변치 않는 충성심이 남아 사람들의 마음을 울립니다.

예비 초등 ROAD 맵 활동 및 예시

단계	활동	예시
읽기	부모가 하루 한 권씩 그림책을 소리 내어 읽어주기	엄마와 함께 '플랜더스의 개' 이야기를 읽어보기
정리	가장 기억에 남는 장면을 아이가 그림으로 표현하기	네로와 파트라슈가 함께 있는 장면을 그림으로 그리기
질문	이 장면에서 주인공은 어떤 기분이었을까?	네로는 왜 그림을 그리고 싶었을까? 파트라슈는 네로를 어떻게 생각했을까?
발전	아이가 그린 그림에 제목 붙이기, 부모가 아이의 말을 받아 적기	그림의 제목을 '네로와 파트라슈의 마지막 밤'이라 붙이고, '네로가 너무 가난했지만 그림을 좋아했어요. 파트라슈는 끝까지 네로의 친구가 되어주었어요'라는 아이의 말 받아적기

아이가 흥미 있어 하는 그림책을 중심으로 '읽기 → 공감하기 → 표

현하기'의 흐름을 만들어주세요. 예비 초등 시기에는 글자를 정확하게 읽는 것보다, 이야기를 즐기고 자신의 감정을 표현하는 경험이 우선이에요. 이때 경험한 읽기 자체에 대한 즐거운 기억은 앞으로의 국어 학습의 든든한 기반이 됩니다.

예비 초등 단계 실천 팁

· 너무 이른 시기에 글자를 다 떼려고 서두르지 마세요. 스스로 읽는 능력보다 말로 표현하는 힘을 먼저 기르는 것이 중요합니다.

· 반복해 읽은 그림책 한 권이 새로운 책 열 권보다 더 깊은 이해를 만들어냅니다. 아이가 좋아하는 책은 여러 번 읽어도 좋습니다. 반복 속에서 이야기 구조와 표현 방식을 자연스럽게 익히게 됩니다.

· 놀이처럼 접근해 보세요. 아이가 질문 만들기를 어려워할 때는 부모가 먼저 질문을 해주세요. "엄마는 이 장면에서 이게 궁금하더라" 등 부모가 자연스럽게 질문하는 모습을 보여주면 아이도 도전하기가 쉬워요.

초등 1~2학년 ROAD 맵

초등 1~2학년은 학교라는 새로운 환경에 적응하느라 바쁜 시기입니다. 이 시기의 아이들은 글을 빠르게 읽지는 못하지만, 내용을 파악하고 이해하려고 노력하기 시작합니다. 선생님과 친구들의 인정을 받고 싶어 하고 자신이 잘했을 때 칭찬받으면 매우 좋아하죠. 이제 막 책과 교과서에 익숙해지는 단계이기 때문에 읽고 이해하는 메커니즘이 서서히 자리 잡는 중이기도 합니다. 따라서 긴 시간을 들이는 루틴보다는 짧고 자주 반복되는 루틴이 훨씬 효과적입니다. 아이가 학교생활에 적응하고 부담 없이 참여할 수 있도록 쉽고 재미있게 시작해 읽기 습관을 다지는 것이 이 시기의 핵심 목표입니다. 이야기 글 '다니엘의 멋진 날'을 예로 적용해 보겠습니다.

> 다니엘이 할머니 집에 가는 길에 이웃들에게 어떤 날이 멋진 날이냐고 물어봅니다. 산체스 부인은 '페인트칠하기 좋은 맑은 날', 에마 누나는 '연날리기 좋은 바람이 부는 날', 건널목 요원은 '모두가 안전한 날', 할머니는 '다니엘이 안아주는 날'이라고 각각 다르게 대답했습니다. 결국 다니엘은 사람마다 멋진 날의 의미가 다르다는 것을 알게 되었습니다.

♛ 초등 1~2학년 ROAD 맵 활동 및 예시

단계	활동	예시
읽기	교과서 한 쪽 소리 내어 읽기	다니엘이 여러 사람에게 질문하는 부분 읽기
정리	제일 기억에 남는 문장 하나 골라 표시하기	'나의 멋진 날은 우리 다니엘이 할머니를 꼭 안아주는 날이란다'라는 문장을 고른 다음 밑줄 긋기
질문	왜 이 장면이 기억에 남을까?	할머니는 왜 다니엘이 안아주는 날이 멋진 날이라고 했을까?

발전	짧은 말이나 그림으로 표현해 보기	사람마다 멋진 날이 달라요. 할머니는 다니엘을 사랑해서 안아주는 날이 좋대요. 나는 친구들과 재미있게 노는 날이 멋진 날이에요.

👑 초등 1~2학년 실천 팁

· 교과서를 그림책처럼 함께 펼쳐 읽으면 좋아요. 이야기 흐름을 따라 소리 내어 읽기만 해도 충분한 도움이 됩니다.

· 읽고 나서 대답하기 쉬운 질문으로 아이의 생각을 살짝 열어주세요.

· '읽고 나서 말해보기'가 핵심입니다. 한 문장이라도 자신의 말로 정리할 수 있게 이끌어주세요.

🌸 초등 3~4학년 ROAD 맵

초등 3~4학년은 읽기 실력이 안정되고 내용 이해 능력이 크게 향상되는 시기입니다. 이때 아이들은 자기 생각을 표현하는 데 점차 익숙해지며 주변으로부터 인정받고 싶어 하는 욕구도 커집니다. 동시에 스스로 무언가를 해보고자 하는 독립심이 강해지기 시작하죠. 이 시기에는 본격적으로 아이가 혼자 읽고 정리하는 능력을 길러야 하지만 아직 완전히 자기주도적으로 학습하기에는 경험이 부족하고 방법도 잘 모르는 경우가 많습니다. 따라서 부모가 함께 생각의 방향을 잡아주고, 적절히 지원하며 격려하는 역할이 중요합니다. 설명하는 글 '된장을 만드는 방법'을 예로 적용해 보겠습니다.

> 된장은 콩으로 만든 메주를 재료로 하는 우리나라 전통 양념입니다. 먼저 찧은 콩 반죽을 네모나게 빚어 20여 일간 말려 메주를 만들고, 볏짚으로 묶어 서너 달 동안 매달아 발효시킵니다. 마지막으로 항아리에 메주와 소금물, 붉은 고추, 숯을 넣고 20~30일간 삭힌 후 메주를 건져내어 발효시키면 된장이 완성됩니다.

초등 3~4학년 ROAD 맵 활동 및 예시

단계	활동	예시
읽기	교과서 한 쪽 읽고, 중심 문장 직접 표시하기	된장 만드는 3단계 과정을 읽으며 중심 문장 찾아 밑줄 긋기
정리	표시한 문장과 이유를 간단히 적기	'메주를 서너 달 동안 매달아 놓으면 된장의 고유한 맛과 향을 내는 미생물이 많이 퍼집니다.'에 표시한 이유는, 된장 발효의 핵심 원리를 설명하는 문장이라고 생각하기 때문이다.
질문	이 글에서 궁금했던 점 한 가지 질문 써보기	미생물이 된장 맛을 만드는 원리가 궁금하다. 다른 발효 음식도 같은 방식으로 만들어질까?
발전	한 줄 요약 후 말로 설명해 보기	된장은 콩으로 만든 메주를 발효시켜 만드는 전통 양념으로, 메주 만들기, 발효시키기, 항아리에서 삭히기 3단계를 거쳐 완성됩니다.

🌷 초등 3~4학년 실천 팁

· 중심 문장을 고르기 어려워하면, 부모가 먼저 "엄마는 이 문장을 골라봤어"라고 예시를 보여주세요.
· 한 줄 요약은 짧게라도 자기 말로 바꿔 말해보는 데 목표를 두세요.
· 학습 루틴을 마친 뒤 "방금 말한 걸 한 줄로 써볼까?"와 같이 자연스럽게 제안해 글쓰기로 확장해 보세요.

🌸 초등 5~6학년 ROAD 맵

초등 5~6학년은 추상적 사고가 가능해지고 논리적으로 생각하는 능력이 크게 발달하는 시기입니다. 이때 아이들은 자신의 의견을 분명히 피력하며, 어른들과 대등하게 토론하고 싶어 합니다. 동시에 중학교 진학에 대한 부담감도 서서히 느끼기 시작하지요. 따라서 본격적으로 자기 생각을 정리하고 표현하는 연습이 필요합니다. 주장하는 글 '독서의 중요성'을 예로 적용해 보겠습니다.

> 독서는 우리의 지식을 넓히고 사고력을 기르는 가장 효과적인 방법입니다. 책을 읽으면 다양한 정보를 얻고 간접 체험을 통해 세상을 보는 시각이 넓어지며, 집중력과 어휘력, 창의력도 함께 발달합니다. 특히 어릴 때부터 꾸준한 독서 습관을 기르면 논리적 사고력이 향상되어 학습 능력 전반이 좋아집니다. 스마트

폰과 게임이 발달한 현대사회에서도 독서만이 줄 수 있는 깊이 있는 사고와 풍부한 감성이 있으므로, 우리는 하루에 조금씩이라도 책 읽는 시간을 만들어야 합니다.

♛ 초등 5~6학년 ROAD 맵 활동 및 예시

단계	활동	예시
읽기	글의 구조와 흐름 고려하며 읽기	독서의 효과 → 구체적 장점 제시 → 현대 사회에서의 필요성 → 실천 방안 순으로 논리를 전개하는 주장하는 글임을 파악
정리	중심 문장과 중심인 이유 정리 하기, 핵심어 표시하기	중심 문장 : 우리는 하루에 조금씩이라도 책 읽는 시간을 만들어야 합니다. 중심인 이유 : 글 전체의 결론이며 독서의 중요성을 실천하라는 주장이 담겨 있음 핵심어 : 현대사회, 깊이 있는 사고, 감성, 독서 시간
질문	'왜?'로 시작하는 질문 만들고 친구나 부모에게 던져 보기	· 왜 디지털 매체로는 독서와 같은 효과를 얻을 수 없을까? · 독서 습관을 기르기 위한 구체적인 방법으론 무엇이 있을까? · 왜 어릴 때의 독서 습관이 더 중요할까?
발전	문단으로 중심 내용 요약 연습해 보기	이 글은 독서가 지식 습득과 사고력 향상에 미치는 긍정적 효과를 근거로 들어 독서의 중요성을 주장하고 있습니다. 특히 디지털 매체가 발달한 현대에도 독서만이 줄 수 있는 깊이 있는 사고력의 가치를 강조하고 있어요. 저도 이 주장에 동의하며, 앞으로 매일 독서 시간을 정해서 다양한 분야의 책을 읽어 비판적 사고력을 기르고 싶습니다.

♛ 초등 5~6학년 실천 팁

· 루틴이 숙제처럼 느껴지지 않도록 대화로 자연스럽게 시작하세요.

・아이가 말로 설명하는 것을 음성 녹음이나 영상 촬영으로 남기고, 이를 다시 보며 글로 다듬도록 해보세요.
・한 달에 한 번은 포트폴리오처럼 결과를 모아 성장 과정을 점검하는 시간을 가져 보세요.

학년이 올라간다고 해서 갑자기 난도를 확 높이면 아이가 큰 부담을 느낄 수 있습니다. 수준은 조금씩, 점진적으로 올리는 게 가장 좋습니다. 또한 아이마다 발달 속도가 다르므로 꼭 4학년이라서 4학년용 루틴을 해야 하는 것은 아닙니다. 아이의 실제 능력과 흥미에 맞게 조절하는 것이 핵심입니다.

학년별 루틴은 어디까지나 가이드일 뿐, 가장 중요한 것은 우리 아이의 현재 수준과 관심사에 맞춰 유연하게 접근하는 것입니다. 교과서 읽기에 대한 흥미를 잃지 않도록, 아이가 좋아하는 부분은 더 깊고 길게 함께하고, 어려워하는 부분은 속도를 늦추며 차근차근 따라가 주세요.

4 중학교 입학 준비 전 국어 공부법 훈련

초등 시기에 교과서를 중심으로 아주 간단한 말이나 짧은 글로 내용을 정리하는 습관만 들여도, 중학교 서술형 문제나 고등학교 논술형 글쓰기로 무리 없이 발전시킬 수 있습니다. 교과서 한쪽을 읽고 짧게 말해본 뒤 다시 글로 적는 연습부터 시작하면 됩니다. 구체적으로 중학교 입학 전에 해두면 좋은 3가지 훈련을 소개합니다.

훈련 1 한 문장 정리 습관 만들기

가장 기본적인 훈련은 읽은 글을 한 문장으로 요약하는 것입니다. 아이에게 "이 글은 무슨 이야기였어?"라고 물어보고, 처음에는 말로 답하게 하세요. 예를 들어, "이 글은 바람이 왜 부는지를 설명한 글이야"처럼 말이죠. 익숙해지면 짧게 글로 적으면서 중심 내용을 파악하는 연습을 합니다. 초반에는 부모가 먼저 예시를 보여주고, 아이가 말한 문장을 받아 적어도 좋습니다. "맞아, 네가 말한 대로 바람 부는 원리에 관한 이야기네. 지금 말한 문장 한 줄만 여기에 써줘" 하고 자연스럽게 글쓰기로 연결합니다. 이 글의 핵심 주제를 파악했는지 확인해 주세요. 너무 구체적이지 않아도 돼요. 중심 내용을 찾아냈다면 충분합니다.

🌷 한 문장 정리 활동 예시

- 이 글은 바람이 부는 원리를 설명한 이야기다.
- 이 글은 친구 사이의 우정을 지키는 이야기다.
- 이 글은 나무가 자라는 과정을 알려주는 이야기다.

훈련 2 세 문장 생각 확장하기

다음 단계는 아이가 생각을 조금 더 깊고 넓게 펼쳐나가는, '읽은 내용 – 떠오른 생각 – 느낀 점'의 세 문장 확장하기입니다. 글의 내용을 자신의 생각과 연결하며 감정과 의지를 표현하는 데 도움이 됩니다. 먼저, 말로 이야기 해 본 다음 세 문장으로 적도록 도와주세요. 글의 내용과 자신의 경험을 연결 지었는지 확인한 뒤, 결론이나 느낀 점이 앞의 두 문장과 자연스럽게 이어지는지 살펴보세요.

🌷 세 문장 생각 확장 예시

- 읽은 내용 : 이 글은 힘든 상황에서 용기를 낸 주인공에 관한 이야기이다.
- 떠오른 생각 : 나는 발표 시간에 긴장했지만 끝까지 말한 경험이 있다.

· 느낀 점 : 그래서 주인공과 나의 경험이 정말 비슷하다고 느꼈다.

세 문장 확장하기는 논술형 답안처럼 길게 쓰지 않아도 됩니다. 세 문장이 자연스럽게 연결되는 흐름을 익히는 것이 핵심입니다. 글로 쓰기 전에 먼저 말로 쭉 이어보도록 하고, 만약 말로 표현하는 데 어려움을 겪는다면 부모가 "그래서 그때 네 기분이 어땠어?"처럼 이어질 수 있는 질문을 던져 생각을 확장시켜 주세요.

훈련 3 내 의견 요약하기

주장하는 글이나 설명하는 글을 읽은 날에는 요약해서 쓰는 훈련을 해보세요. 이 활동에서는 자기 생각을 분명하게 표현했는지를 확인해 봅니다. 의견에 대한 이유가 구체적인지 점검하고, 아이가 생각을 자유롭게 표현하도록 격려해 주세요.

👑 내 의견 요약하기 예시

"나는 바쁘더라도 교통질서는 꼭 지켜야 한다고 생각한다.
왜냐하면 그래야 모두가 안전하게 이동할 수 있기 때문이다."

이 연습은 말놀이처럼 반복해도 좋습니다. 하루 1가지 주제를 정해 부모와 아이가 번갈아 가며 말하다 보면 문장 구조가 자연스럽게 익숙해집니다. 자기 생각을 분명히 표현하고 이유를 덧붙이는 훈련은 중·고등학교에서 만날 서술형 문제의 기본 답안 구조이자 논술의 핵심이 됩니다.

중학교 입학을 앞두고 서술형과 논술형을 준비한다며 갑자기 아이에게 긴 글을 쓰라고 하면 부담으로 다가올 수 있습니다. 글쓰기는 하루아침에 완성되는 기술이 아니라, 작은 말하기와 짧은 기록이 차곡차곡 쌓여 만들어지는 힘입니다. 아이가 지금 쓰는 한 줄, 세 줄의 글이 모여 결국은 자기 생각을 자유롭게 표현하는 바탕이 되어주지요.

교과서 한 쪽을 읽고 한 문장으로 정리해 보기, 그 글에 관한 생각을 세 문장으로 써보기, 내 의견 요약해 보기, 이 3가지를 반복해서 연습하며 글쓰기 학습을 시작해 보세요. 국어 글쓰기는 아이가 용기를 내어 꺼낸 한 문장에서 시작됩니다.

 # 교과서 서술형·논술형 훈련 기본 양식

1) 한 문장 정리 습관
오늘 읽은 글의 내용을 한 문장으로 정리해 보세요.

이 글은 (……………………………)에 대한 이야기다.

☐ 글의 핵심 주제를 파악했는지 확인해 봅니다.
☐ 너무 구체적일 필요는 없어요. 중심 내용을 찾아냈다면 충분합니다.

2) 세 문장 생각 확장하기
읽은 내용을 바탕으로 세 문장으로 생각을 확장해 보세요.

· 읽은 내용 : 이 글은 (………………………………)에 관한 이야기이다.
· 떠오른 생각 : 나는 (……………………………)에 관해 생각하거나 경험이 있다.
· 느낀 점 : 그래서 (…………………………………)(라)고 느꼈다.

☐ 먼저 말로 이야기해 본 다음에 글로 쓰도록 도와주세요.

☐ 글의 내용과 자신의 경험을 연결 지었는지 확인하세요.
☐ 결론이나 느낀 점이 앞의 두 문장과 자연스럽게 연결되는지 살펴보세요.

3) 내 의견 요약하기

읽은 내용에 대한 자신의 의견을 요약하고 정리해 보세요.

"나는 이 의견에 (……………………………………)(라)고 생각한다.
왜냐하면 (……………………………………………) 때문이다."

☐ 자기 생각을 분명하게 표현했는지 확인해 봅니다.
☐ 의견에 대한 이유가 구체적인지 점검합니다.
☐ 틀린 답은 없습니다. 생각을 자유롭게 표현하도록 격려해 주세요.

5 "엄마, 하기 싫어요" 위기의 순간에 대처하는 자세

"엄마, 오늘 공부하기 싫어요."

아이에게서 이런 말이 나올 때, 부모로서 가장 먼저 드는 감정은 속상함일 텐데요. 이럴 때일수록 아이가 왜 그런 말을 하는지 원인을 살펴보는 게 중요해요. '공부하기 싫다'라는 말이 꼭 '공부가 싫다'라는 의미가 아닐 수도 있거든요. 이 장에서는 부모가 위기의 순간을 기회로 바꾸는 대화법과 태도를 중심으로 이야기해 볼게요.

"새로운 걸 시작하니 낯설고 불편해요."
"15분 안에 잘 못할까 봐 걱정돼요."
"엄마가 시켜서 억지로 하는 것 같아 답답해요."

이런 감정들이 한꺼번에 밀려오면 아이는 하기 싫다는 말로 거부감을 표현하게 됩니다. 이때 아이를 혼내거나 포기하지 마세요. 아이의 거부는 불편함을 표현하는 하나의 방식이니까요. 제가 상담했던 한 학부모님은 이런 경험을 들려주셨어요.

"초반에는 아이가 공부하기 싫다고 했어요. 그래도 포기하지 않고 '엄마랑 딱 3분만 보자', '그냥 엄마가 읽을 때 너는 아무것도 하지 말고 옆에서 과자 먹으면서 듣기만 해'라고 장벽을 낮춰주며 꾸준히 시도했죠. 그러다 보니 조금씩 익숙해졌는지 어느 날은 먼저 교과서를 가져오더군요. 지금 생각해 보니 아이에게도 적응할 시간이 필요했던 것 같아요."

부모도 사람인지라 당연히 속상할 수 있습니다. 하지만 아이가 거부감을 표현할 때 순간의 감정으로 무심코 내뱉는 부모의 말은 아이의 마음을 닫게 만들 수 있으므로 주의해야 합니다.

👑 아이에게 해서는 안 되는 말

- "그래서 넌 안 되는 거야."
→ 아이의 자존감을 무너뜨려요.
- "그럼 하지 마! 엄마도 이제 안 할 거야. 너 혼자 알아서 해!"
→ 아이와의 관계 단절을 불러올 수 있어요.
- "네 친구 누구는 이 정도는 거뜬히 다 한다더라."
→ 다른 아이와의 비교는 우리 아이를 위축시켜요.

- "왜 또 그래? 넌 맨날 제대로 하기도 전에 바로 포기하더라."
→ <u>반복된 낙인은 무기력감을 심어줄 수 있어요.</u>

답답한 마음은 이해하지만 이럴 때일수록 감정을 억누르기보다는 아이의 입장을 받아들이고 이해하려는 노력이 필요해요. 아이의 말에 부모가 어떤 반응을 보이느냐에 따라 그날의 루틴이 이어질지, 멈출지가 결정됩니다. 다음과 같은 말들은 아이의 마음을 열고 루틴을 지속하는 데 도움이 됩니다. 위기의 순간, 이렇게 말해보세요!

👑 아이의 마음을 여는 말들

- "그래, 하기 싫을 수도 있지. 오늘은 네가 하고 싶은 걸 하고, 내일 다시 해보자."
- "15분이 너무 길게 느껴지면 3분만 같이 해보자. 한번 해보고 정말 싫으면 그만하자."
- "오늘은 그냥 엄마가 읽을게. 너는 듣기만 해도 괜찮아."
- "그럼 오늘은 교과서 대신 네가 고른 재미있는 그림책으로 바꿔 읽어줄게."

감정을 인정해 주는 동시에 다른 선택지를 제시하면 아이는 훨씬 순순히, 쉽게 따라옵니다. 표면적인 거부 너머에 있는, 감정 뒤에 숨은 진짜 이유를 돌봐주세요. 제 경험상 학년별로 아래와 비슷한 이유로 힘들어하거나 어려움을 느끼곤 합니다.

초등 1~2학년	초등 3~4학년	초등 5~6학년
· 글자를 읽는 것이 아직은 어렵고, 시간이 오래 걸려요. · 집중 시간이 짧아서 15분도 길게 느껴질 수 있어요. · 공부보다는 놀고 싶은 마음이 더 클 수 있어요.	· 학교 숙제가 늘어나면서 점점 부담을 느끼기 시작해요. · 친구들과 놀거나 게임하고 싶은 욕구가 강해져요. · 해야 한다는 의무감이 스트레스로 다가올 수 있어요.	· 사춘기가 시작되어 부모와 함께하는 시간을 부담스러워 할 수 있어요. · 여러 과목의 과제와 활동이 겹쳐서 시간이 부족해요. · 재미있는 온라인 콘텐츠로 인해 공부에 흥미를 잃을 수 있어요.

이런 경우에는 루틴을 억지로 강행하기보다 차분히 대화를 나눠보세요. "오늘은 어떤 활동이 제일 힘들었어?", "엄마는 네가 힘들다고 솔직하게 말해줘서 고마워", "원래 새로운 걸 꾸준히 하는 게 제일 어려운 건데, 그걸 해오고 있는 네가 참 대단한 거야"라는 말과 함께 며칠이라도 아이가 스스로 감정을 정리할 수 있는 시간을 주세요. 다시 원래 루틴으로 돌아올 힘이 생깁니다. 사실 아무리 좋은 루틴이라도 매일 완벽하게 지키기란 힘들어요. 그래서 루틴이 잘 안 지켜지는 날을 어떻게 대처하느냐가 훨씬 더 중요합니다.

이럴 때 대처하는 현실적인 방법 4가지를 소개할게요.

첫째, '쉬어도 되는 날'을 만들어주세요. 일주일 중 공식적으로 노는 날을 정해두면 아이는 안정감을 얻습니다.

둘째, 작은 루틴으로 간소화해 주세요. 컨디션이 좋지 않은 날은 15분 대신 '질문 하나 하기'나 '한 문장 요약하기'처럼 5분 안팎으로 줄여주세요. '작게라도 해냈다'라는 성취감이 아이의 자존감을 지켜줍니다.

셋째, '교과서 없는 말하기 루틴'으로 전환해 보세요. 공부 대신 문장 하나, 단어 하나로 감정을 풀어내는 것도 좋아요. 공부 부담을 줄이고 표현력은 키워줍니다.

넷째, 교과서 읽기 시간을 '특별한 시간'으로 만들어주세요. 장소를 바꾸거나 조명을 낮춰 아늑한 분위기를 만들고, 간식과 함께 '교과서 카페'를 열어보세요. 형제자매가 있다면 부모와 각각 진행하는 '비밀 독서 시간'도 추천합니다. 긍정적 기억이 쌓이면 아이는 그 시간을 기다리게 됩니다.

15분 루틴보다 더 중요한 것은 아이와 부모 사이의 신뢰, 그리고 함께하는 시간의 온기입니다. 누구나 어려움을 겪는 순간이 있습니다. 아이의 "하기 싫어요"라는 말은 어쩌면 도움을 요청하는 또 다른 방식일 수 있어요. 이럴 때 바로잡으려는 태도보다 이해하려는 태도가 아이에게 더 깊은 울림을 줄 수 있습니다. "넌 이걸 매일 꼭 해야 해. 이 지식을 알아야 해"보다 "엄마는 너랑 이렇게 나란히 앉아 있는 시간이 제일 좋아"라는 말이 아이의 마음을 훨씬 더 움직일 수 있어요.

습관은 꾸준함에서 만들어지지만, 그 꾸준함은 너그러움과 유연함 속에서 자라납니다. 루틴 실천이 며칠 무산되었다고 해서 그동안 쌓은 게 무너지진 않아요. 그 시간을 따뜻하게 안아주고 다시 시작할 수 있도록 함께 있어주세요. 그렇게 쌓인 경험은 결국 아이의 내면에서 "나는 할 수 있어"라는 힘으로 바뀔 것입니다.

6 교과서와 스마트폰의 현실적인 병행 학습 전략

"엄마, 영상 딱 5분만 더 보고 끄면 안 돼요?"

아이가 스마트폰을 손에서 놓지 않으려 할 때 부모는 걱정이 앞섭니다. 책상 구석에는 펼칠 기미가 없는 교과서가 놓여 있지요. 화려한 디지털 기기의 자극에 익숙해진 아이를 어떻게 '교과서'라는 아날로그 세계로 이끌 수 있을까요? 교사인 저도 때로는 불가능한 싸움처럼 느껴지기도 합니다. 몇 번의 화면 터치로 즉각적인 재미와 만족감을 주는 스마트폰에 비해, 교과서는 글자를 해석하고 의미를 파악하며 내용을 이해하는 정적이고 복잡한 과정을 거쳐야 하니 아이가 힘들어할 수밖에 없습니다.

그렇다고 요즘 시대에 스마트폰을 완전히 금지하는 일도 현실적이지 않습니다. 스마트폰과 교과서를 대립 구도로 인식하게 되면, 오히려 아이는 더더욱 교과서를 멀리하고 스마트폰에 집착하게 될 수 있습니다. 결국 2가지 사이의 균형점을 현명하게 찾는 것이 오늘날 부모와 자녀가 함께 풀어야 할 중요한 과제입니다.

그렇다면 스마트폰과 교과서의 균형은 어떻게 맞출 수 있을까요? 저는 2가지를 완전히 분리하기보다는 병행하는 방식을 권합니다. 스마트폰을 교과서에 대한 흥미를 높이는 '똑똑한 학습 도구'로 활용하는 것입니다. 구체적으로는 교과서 내용을 영상이나 이미지와 연결하는 방식인데요. 교과서 속 이야기를 읽은 뒤 관련 영상을 보거나, 배경이 되는 장소를 인터넷으로 검색해 보는 겁니다. 예를 들어, 국어교과서에 백제 무왕 이야기가 나오면 "무왕과 선화공주 설화" 영상을 먼저 본 뒤, "이 이야기가 일어난 곳은 어떤 모습일까?" "이제 교과서에서는 어떻게 설명하는지 확인해 보자"라고 제안할 수 있습니다. 사회교과서에 '독도'가 등장한다면, 위성 지도나 독도 홈페이지에서 실제 모습을 살핀 뒤 교과서 내용을 읽어보는 것도 좋습니다. 이처럼 디지털 도구를 교과서 이해를 돕는 보조 수단으로 활용하는 방법이 있습니다.

아이가 직접 콘텐츠를 만들도록 유도하는 방법도 효과적입니다. 이는 국어교과서 ROAD 맵의 4단계와도 연결되는데요. 읽은 이야기를 그림으로 그려보거나 줄거리를 영상 일기로 만들어보는 것입니다. 요즘 아이들은 영상을 소비하고 제작하는 데 익숙하므로, "15분 동안 교과서를 읽은 뒤 오늘 내용을 1분짜리 영상으로 만들어보자"라고 제안하면서 내용을 재구성해 볼 수 있습니다. 교과서 내용을 한 줄로 요약해 메모 앱에 누적 저장하거나, 일상과 연결되는 지식을 사진으로 기록하는 것도 좋습니다. 예를 들면 과학교과서에서 광합성을 배웠다면 집에 있는 화분을 관찰하며 광합성 관련 설명도 덧붙이는 겁니다. 이런 활동을 꾸준히 이어가면 교과서 이해도가 더욱 높아집니다.

거부감이 적은 현실적인 방법도 있습니다. 스마트폰을 금지하기보다 '교과서 읽기 15분 후 자유시간 5분'처럼 아이와 함께 규칙을 정하는 겁니다. 정해진 시간 안에 집중해야 한다는 조건이 오히려 몰입도를 높여 주고, 자유시간에는 스마트폰을 사용할 수 있어 참여에 대한 부담도 줄어듭니다. 이렇게 교과서 읽기가 아이의 일과에 자연스럽게 녹아들 수 있도록 함께 만들어 보세요.

앞에서도 언급했지만, 사실 스마트폰 절제의 가장 강력한 조건은 부모의 본보기입니다. 아이가 공부하길 바라면서 부모가 옆에서 스마트폰을 계속 들여다본다면 아무리 좋은 말도 설득력을 잃습니다. 교과서를 읽는 시간에는 부모도 스마트폰을 멀리하고 아이의 학습에 집중해 주세요. 아이 혼자 과제를 할 때도 "엄마도 지금 책 읽는 중이야. 우리 같이 집중해 보자"라고 말하며 함께 앉아 읽어주세요. 시간이 흐를수록 아이는 혼자가 아니라는 안정감을 느끼게 되고, 진정성 있는 관심과 노력이 아이의 마음을 움직이게 됩니다.

스마트폰 시대에 아이를 교과서로 이끄는 일은 쉽지 않습니다. 그러나 불가능하지도 않습니다. 교과서를 통해 아이가 차분히 생각하는 힘을 기를 수 있도록 도와주세요. 부모와 함께하는 따뜻한 시간이 쌓인 아이는 자극적인 스마트폰과는 또 다른 교과서만의 매력을 자연스럽게 발견하게 될 것입니다.

7 "공부를 왜 해야 하나요?"라고 아이가 묻는다면

"공부하기 싫어요. 이렇게 힘들고 어려운 걸 도대체 왜 해야 해요?"

아이들이 부모님이나 선생님들께 자주 묻는 질문입니다. 그럴 때 보통 "좋은 대학에 가야 하니까", "좋은 직장에 들어가야 하니까", "돈을 잘 벌려면 공부해야 하니까"라고 답하곤 합니다. 하지만 이런 답변이 과연 아이들에게 충분히 설득력 있게 다가갈까요?

저 역시 "선생님, 공부는 왜 해야 하나요?"라는 질문을 받았을 때 어떤 답을 해주어야 할지 고민했던 적이 많았습니다. 그래서 아이들이 조금 더 쉽게 이해할 수 있도록 공부의 의미와 필요성에 대해 정리해 보았습니다. 이 책을 읽는 부모님들께서도 자녀에게 이와 같은 질문을 받았을 때 답변에 참고하실 수 있기를 바랍니다.

1) 공부는 자유와 독립을 위한 준비

요즘 시대는 정보의 격차가 곧 권력의 격차로 이어집니다. 금융 지식이 부족하면 은행 직원이 말하는 불리한 조건을 그대로 받아들이게 되고, 법을 모르면 부당한 일을 당해도 어떻게 대응해야 할지 몰라 고통받게 됩니다. 역사를 모르고 살면 같은 실수를 반복하게 되고, 기초적인 상식이 부족하면 근거 없는 정보를 그대로 믿고 잘못된 판단을 내릴 수 있습니다.

하지만 꾸준히 공부하며 세상을 이해하기 시작하면 달라집니다. 지식이 많아질수록 스스로 선택할 수 있는 권리도 많아지고 어떤 투자 상품이 위험한지, 어떤 사람이 신뢰할 만한지, 어떤 정보가 조작된 것인지 스스로 판단할 수 있는 힘이 생기게 됩니다. 이것이 바로 진짜 '지적 독립'입니다.

2) 역사가 보여주는 지식의 힘

역사 속에서도 지식은 권력이었습니다. 세종대왕이 훈민정음을 창제했을 때 많은 양반이 그토록 극렬히 반대한 이유가 무엇일까요? 그들은 평민이 글을 배우고 공부할 기회를 얻게 되면 얼마나 큰 영향력을 가질 수 있는지 알고 있었기 때문입니다. 백성들이 똑똑해지면 더 이상 마음대로 통제할 수 없을 거란 두려움이 있었던 것입니다. 그만큼 지식의 격차는 신분제 사회를 유지하는 가장 강력한 수단이었고, 이를 잘 알았던 당시 지배 계층은 지식을 독점하려 했습니다.

이것은 과거만의 이야기가 아닙니다. 지금도 마찬가지입니다. 정보 판단 능력이 부족하면 사기에 쉽게 노출되고, 경제 지식이 부족하면 가난에서 벗어나기 어려운 경우가 많습니다. 그래서 저는 공부를 일종의 '저항의 도구'라고 생각합니다. 뉴스를 보면서 "이건 사실일까?"라고 묻고, 광고를 보면서 "이건 나에게 어떤 소비를 유도하려는 것일까?"라고 따져볼 수 있는 비판적 사고력이 있어야 주체적이고 자유로운 삶을 살 수 있습니다.

3) 경제적 자유도 공부로부터

요즘 아이들의 장래 희망 최상위권에는 연예인이나 온라인 콘텐츠 제작자가 오르기도 합니다. 이 역시 경제적 자유와 독립에 대한 열망에서 비롯된 현상일 수 있습니다. 그러나 그 자유 역시 꾸준한 공부 노력 없이는 불가능합니다. 돈이 어떻게 흘러가는지, 투자의 원리는 무엇인지, 내 노동의 가치는 얼마인지를 아는 기초 지식이 있어야 경제적 예속에서 벗어날 수 있기 때문입니다.

공부하지 않으면 평생 누군가의 결정을 따르며 살아가게 됩니다. 은행이 정한 대출 조건을 그대로 받아들이고, 직장에서 정해주는 월급에 의존하며, 뉴스가 전하는 내용을 그대로 믿고 세상을 바라보게 됩니다. 하지만 지식의 끈을 놓지 않고 꾸준히 배우면 판단하고 선택하는 힘이 조금씩 길러집니다. 그리고 점차 의식 있는 어른, 즉 스스로 결정하고 책임지는 성숙한 인간으로 성장하게 됩니다.

이처럼 우리는 학창 시절뿐만 아니라 학교를 졸업한 후에도 평생 배우며 살아야 합니다. 공부는 자기 자신이 누구의 눈치도 보지 않고 스스로 삶의 방향을 정해 살아가기 위한 최소한의 준비이기 때문입니다. 또한 공부는 어느 시대를 살든, 어떤 위치에 있든 자기 자신을 지켜주는 가장 강력한 방패이자 더 나은 삶으로 이끄는 나침반입니다.

그러니 아이가 "공부는 왜 해야 해요?"라고 묻는다면 단순히 "좋은 대학에 가야 하니까"라는 대답보다는 공부가 왜 삶에 필요한지, 왜 공부가 자유와 독립의 열쇠가 되는지 차분히 들려주세요. 아직은 어려서 당장 눈에 띄는 변화가 없을 수도 있습니다. 하지만 진지하게 공부의 방향을 고민한 뒤 스스로를 믿고 한 걸음씩 나아가다 보면 어느 순간 눈부시게 성장한 자신의 모습을 만나게 될 것이라고 조언해 주세요.

8 아이의 메타인지를 키우는 가장 좋은 방법

"엄마, 오늘 국어 시간에 발표를 했는데 제 말이 너무 빨라서 친구들이 잘 이해를 못한 것 같아요. 긴장될 때마다 말이 빨라지는 습관이 자꾸 나오는데 어떻게 고칠 수 있을까요?"

혹시 이 말에서 특별한 점을 발견하셨나요? 이 아이는 단순히 "오늘 발표할 때 너무 힘들었어요"라고 말하지 않았습니다. 대신 자신이 갖고 있는 문제를 구체적으로 파악했고(말이 너무 빠름), 원인을 스스로 분석했으며(긴장될 때 말이 빨라지는 습관), 해결책을 찾으려고 노력했어요(어떻게 고칠지 방법 모색). 이것이 바로 '메타인지'의 힘입니다.

메타인지는 쉽게 말해 '생각에 대해 생각하기', '학습에 대해 학습하기'입니다. 자신의 두뇌를 관찰하는 또 다른 눈을 갖는 것과 같아요. 스스로 학습 상태를 인식하고 조절할 수 있는 능력이지요. 이 능력이 자라면 아이는 부모나 교사의 도움 없이도 스스로 공부할 수 있는 힘을 얻게 됩니다.

메타인지가 가능한 아이	메타인지가 부족한 아이
이런 유형의 문제에서 자주 실수하네. 주의해야겠다.	아깝다, 틀렸네.
앞부분은 쉬웠는데 뒤에 절정 부분부터 어려웠어요.	너무 어려워요.
단어의 뜻은 알겠는데, 이 문맥에서 어떤 의미로 쓰이는지 모르겠어요.	다 모르겠어요.

우리가 지금까지 활용해 온 국어교과서 ROAD 맵이 이 능력을 기르는 데 아주 좋은 도구가 될 수 있습니다. ROAD 맵 각 단계에 이런 메타인지 질문을 더하기만 해도 아이는 과제를 수행하면서 자기 생각을 점검하고 학습 방법을 조율하며 표현을 발전시키는 자기주도 학습자로 자라납니다. 공부의 궁극적인 목적은 더 똑똑한 사람이 되는 것이 아니라 스스로를 성장시키는 방법을 아는 사람이 되는 것에 있으니까요. 지금부터 ROAD 맵의 각 단계에 '스스로 점검하는 질문'을 추가하는 방법을 소개하겠습니다.

단계별 메타인지 질문을 더하는 방법

1단계 읽기(Read) + 메타인지 질문

"내가 얼마나 제대로 읽었을까?"	· "가장 쉬웠던 부분과 가장 어려웠던 부분은 뭐였어?" · "다시 읽어야 할 부분이 있을까?"

처음에는 아이가 "다 이해했어요.", "잘 모르겠어요"처럼 막연하게 답할 수 있습니다. 하지만 위의 질문을 꾸준히 반복하면 점차 자신의 생각을 구체적으로 표현합니다. 예를 들어, "주인공이 이곳에 온 이유는 알겠는데, 뒤에서 이렇게 말한 까닭은 잘 모르겠어요. 이 부분을 다시 읽어야 할 것 같아요"라고 말한다면, 자신의 이해 수준을 스스로 점검하는 활동이 활발하게 일어나고 있다는 증거입니다.

2단계 정리(Organize) + 메타인지 질문

"어떤 정리 방법이 나에게 맞을까?"	· "표로 만들까, 그림으로 그릴까, 아니면 순서대로 써볼까?" · "지난번엔 어떤 방법이 가장 도움이 됐니?"

정리 단계에서는 정답을 바로 제시하기보다 아이가 정리 방법을 스스로 선택하도록 돕는 것이 중요합니다. 그러면 "시간 순서로 정리하니까 이해가 잘돼요.", "표로 비교하니까 차이점이 확실히 보여요"처럼 말하며 자신에게 가장 잘 맞는 정리법을 찾아가게 됩니다. 이 과정은 단

순한 요약을 넘어, 스스로 생각을 조직하고 학습 전략을 선택하는 메타인지 훈련이기도 합니다.

3단계 질문(Ask) + 메타인지 질문

"내 질문의 수준은 어떨까?"	· "이번 질문은 지난번 질문과 어떻게 다를까?" · "더 깊이 있는 질문을 만들려면 어떻게 해야 할까?"

질문 만들기 활동이 끝난 후에는 아이가 스스로 질문의 '질'을 점검하도록 유도합니다. "예전에는 '누가' '언제' 같은 사실 확인 질문만 했는데, 이제는 '왜' '어떻게'처럼 생각을 더 해야 하는 질문도 만들 수 있어요", "이번에는 '만약'으로 시작하는 상상 질문도 만들어 봤어요" 이렇게 말한다면, 자신의 사고 수준을 인식하고 발전 방향을 스스로 탐색하는 메타인지 활동이 잘 이루어지고 있다는 신호입니다. 이런 경험이 쌓이면 아이는 점점 더 혼자서도 깊이 생각하고 좋은 질문을 만들 수 있게 됩니다.

4단계 발전(Develop) + 메타인지 질문

"내 지식을 어떻게 발전시킬까?"	· "이번 글은 지난번 글과 무엇이 달라졌어?" · "어떤 부분이 가장 잘 표현됐다고 생각해?" · "다음에는 어떤 점을 더 보강하고 싶어?"

표현 활동이 끝난 뒤에는 변화와 성장 과정을 돌아보는 시간이 꼭 필요합니다. 위와 같은 질문으로 아이가 자신의 글을 객관적으로 평가하고 스스로 개선점을 찾도록 도와주세요. "이번에는 대화체를 써봤는데 덜 지루했어요", "지난번보다 문장이 더 자연스럽게 이어졌어요", "앞으로는 문장 표현을 더 다양하게 해보고 싶어요"와 같은 반응이 나온다면 글쓰기가 자기 성장을 확인하는 즐거운 과정으로 자리 잡은 것입니다.

🌸 인지 발달 수준별 메타인지 가이드

메타인지는 단기간에 완성되는 능력이 아닙니다. 아이의 인지 발달 수준에 맞춰 조금씩 깊이를 더해가며 성장합니다. 따라서 연령과 발달 단계에 맞는 질문과 대화법을 쓰는 것이 매우 중요합니다. 아래는 초등 시기에 적용할 수 있는 단계별 실천 가이드입니다.

초급 단계 감정 인식부터 시작하기

초등 저학년 시기의 아이는 아직 생각이나 감정을 언어로 표현하는 데 익숙하지 않습니다. 학습 내용을 바로 묻기보다 공부할 때 느낀 감정을 표현하도록 질문해 보세요. 감정과 학습 경험을 연결해 인식하는 것은 자기 이해의 시작점이자 메타인지 발달의 첫걸음입니다.

👑 **질문 예시**

- "공부할 때 어떤 기분이었어?"

- "쉬웠어? 어려웠어?"
- "재미있었어? 지루했어?"

중급 단계 구체적으로 파악하기

초등 3~4학년이 되면 대부분 자신의 학습 과정을 더 구체적으로 인식할 수 있습니다. 학습 과정을 되짚고, 스스로를 객관적으로 바라보는 힘을 기르는 데 효과적인 질문이 필요합니다.

질문 예시

- "어떤 부분이 쉬웠고, 어떤 부분이 어려웠어?"
- "왜 그 부분이 어려웠던 것 같니?"
- "어떤 방법으로 했을 때 잘 이해할 수 있었어?"

고급 단계 학습 전략 개발하기

초등 고학년이 되면 스스로에게 맞는 공부 방법을 찾고, 다른 상황에 적용하는 전략적 사고로 나아갑니다. 아래와 같은 대화는 아이를 점차 능동적인 학습자로 성장시킵니다.

질문 예시

- "어떻게 공부하는 게 가장 효과적이었어?"
- "이 방법을 다른 과목에도 써볼 수 있을까?"
- "더 좋은 방법은 없을까?"

메타인지는 아이가 새로운 환경에 놓였을 때 빠르게 적응하고, 예상치 못한 어려움 속에서도 스스로 해결책을 찾아내도록 돕는 핵심 역량입니다. 앞으로 우리 사회는 점점 더 정해진 답을 찾는 능력보다 새로운 해법을 제시하는 사고력과 적응력을 요구할 것입니다. 그때 중요한 것은 누가 더 많이 배웠느냐가 아니라, 자신의 강점과 약점을 정확히 파악하고 스스로 배우며 변화에 유연하게 적응하는 힘입니다.

🌼 일상에서 메타인지를 키우는 방법

메타인지는 부모와 나누는 일상의 작은 대화 속에서 자연스럽게 자랍니다. 아이가 스스로 배움의 과정을 되돌아보며 "나는 지금 무엇을 알고 있고, 무엇을 모르지?"라고 성찰할 수 있게 돕는 부모의 한마디가 아이의 사고를 더 깊어지게 만듭니다.

예를 들어 흔히 묻는 "숙제 다 했어?"는 결과만 확인하는 질문입니다. 반면 "숙제를 하면서 어디가 제일 어려웠니?", "그 부분은 어떻게 해결했니?"라고 물으면 아이는 단순히 끝냈는지를 보고하는 데서 벗어나 학습 과정을 스스로 돌아보고 점검하게 됩니다. 같은 맥락에서 "시험 잘 봤어?"보다는 "시험 볼 때 준비한 대로 풀렸니?", "막혔던 문제는 어떤 거였어?"라고 묻는 편이 훨씬 효과적입니다. 점수에만 집중하지 않고 무엇을 잘했으며 무엇을 보완해야 하는지 스스로 인식할 기회를 주기 때문입니다.

학습 방법을 함께 이야기하는 것도 매우 중요합니다. "오늘은 어떤 방법으로 공부했어?", "그 방법이 도움이 된 것 같아?", "다음에는 어떤 방법을 해보고 싶니?" 같은 질문은 아이가 자신의 학습 방식을 객관적으로 바라보게 합니다. 예를 들어 어떤 아이는 소리 내어 읽을 때 이해가 더 잘된다는 사실을 깨닫고, 또 다른 아이는 색연필로 밑줄을 치면 기억에 오래 남는다는 사실을 발견하기도 합니다. 이런 대화를 꾸준히 이어 가면, 아이는 공부를 단순한 반복이 아니라 자신에게 맞는 방법을 찾아가는 의미 있는 과정으로 받아들일 수 있습니다.

아이의 실수를 대하는 태도 역시 메타인지 발달에 큰 영향을 줍니다. "왜 이렇게 틀렸어?"라고 곧바로 지적하면 아이에게는 좌절만 남습니다. 이럴 때는 방향을 살짝 바꿔서 "어떤 부분에서 실수가 있었을까?", "왜 그랬을까?", "다음에는 어떻게 하면 같은 실수를 피할 수 있을까?" 같은 질문을 던지면, 아이는 실수를 원인 분석과 해결책 탐색의 기회로 삼을 수 있어요. 예컨대 받아쓰기에서 같은 단어를 자주 틀리는 아이에게 "어떤 상황에서 이 글자를 많이 틀렸을까?"라고 묻고, 아이가 "급하게 쓸 때요"라고 답한다면 "그럼 천천히 읽고 적는 방법을 같이 연습해 보자"로 이어갈 수 있지요.

메타인지를 키우는 일상 질문

상황	기존 질문	메타인지를 키우는 질문
숙제 후	숙제 다 했어?	숙제하면서 어떤 부분이 제일 어려웠니?
시험 후	시험 잘 봤어?	시험 준비할 때 뭐가 제일 도움이 됐니?
독서 후	책 다 읽었어?	이 책에서 새롭게 알게 된 점이 뭐니?

| 틀렸을 때 | 왜 이렇게 틀렸어? | 어디서 헷갈렸는지 함께 다시 볼까? |
| 공부 중 | 공부는 잘돼? | 지금 어떤 방법으로 공부하고 있어? |

지금 아이에게 메타인지를 길러주는 일은 국어 한 과목의 성취만을 위한 것이 아닙니다. 평생을 살아가는 데 필요한 힘과 변화를 두려워하지 않고 자신만의 길을 찾아 나서는 용기를 심어주기 위함입니다. 국어 교과서 ROAD 맵에 메타인지를 더한다면 아이는 한층 더 배우고 성장할 수 있습니다. 그리고 그 배움과 성장이야말로 부모가 아이에게 줄 수 있는 가장 소중한 유산이 될 것입니다.

교과서 메타인지 점검 질문지

스스로 질문하고 답하며 배우는 질문지로, 말로 표현하거나 글로 기록해 봅니다.

1) 오늘 공부를 시작하며
· 오늘 공부할 내용을 한 문장으로 정리해 볼까?
· 내가 오늘 꼭 알아내고 싶은 건 뭐지?
· 오늘 공부는 스스로 어디까지 하는 게 목표야?

2) 공부하는 중에
· 지금 내가 잘 이해하고 있는 부분은 어디일까?
· 방금 읽은 내용 중에서 중요한 단어 3개를 고른다면 뭘까?
· 이 부분은 조금 어렵네. 어려운 이유가 뭘까? (낯선 단어 / 긴 문장 / 글의 구조 등)

3) 공부가 끝난 뒤에
· 오늘 공부에서 새롭게 알게 된 사실은 뭐지?
· 내가 오늘 제일 잘했다고 생각하는 건 뭐지?
· 아직 잘 모르겠다고 느끼는 부분은 뭐지?

4) 내일 더 잘하기 위해
· 오늘 공부하면서 부족했거나 아쉬웠던 점은 뭐야?
· 오늘 내가 기록하고 공부한 부분 중 가장 마음에 드는 것은 어떤 거야?
· 내일 공부 계획을 간단히 써본다면?

5) 기록 공간
☐ 오늘 공부에서 제일 쉬웠던 부분은?
....

☐ 오늘 공부에서 제일 어렵거나 헷갈렸던 부분은?
....

☐ 오늘 새로 알게 된 단어나 개념은?
....

☐ 다음에 공부할 때 적용하면 좋을 방법은?
....

마치며

국어 실력을 넘어
평생 읽고 생각을 표현하는 아이로 키우는 길

아이들을 가르치다 보면 종종 신비로운 순간을 마주하게 됩니다. 겉으로는 전혀 변화가 없어 보이던 아이가 어느 날 갑자기 눈부신 성장을 보여줄 때입니다. 마치 오랫동안 땅속에서 뿌리를 내리고 있던 씨앗이 봄비를 맞고 드디어 싹을 틔우는 것처럼요.

사실 부모로서 아이의 성장을 기다리는 동안 불안함과 조급함은 수시로 찾아옵니다. 그러나 오랜 기간 수많은 아이를 지켜본 교사로서 확실히 말씀드릴 수 있습니다. 아이의 진짜 변화는 눈에 보이지 않는 깊은 곳에서부터 조용히 시작된다는 것, 그리고 그 변화를 가능하게 하는 가장 강력한 힘은 아이가 스스로 해낼 수 있다고 믿어주는 부모의 신뢰라는 것입니다.

제가 만난 최상위권 아이들 모두가 처음부터 공부를 잘하진 않았습니다. 어떤 아이는 중간에 사춘기라는 굴곡을 겪으며 잠시 멈추기도 했고, 또 어떤 아이는 방법이 서툴러 멀리 돌아가기도 했습니다. 결국 그 아이들을 다시 일으켜 세운 힘은 부모의 믿음과 기다림이었습니다. 그래서 제가 이 책에서 거듭 강조하는 부모의 역할은 아이에게 답을 주는 것이 아니라 스스로 찾아갈 수 있도록 지지하는 것입니다. 국어를 잘 알지 못해도 괜찮습니다. 답을 몰라도 아무 문제가 되지 않습니다. "엄마도 잘 모르겠네. 우리 같이 찾아볼까?"라고 말하며 배움이 혼자가 아닌 함께 나누는 즐거운 과정임을 알려주기만 해도 충분합니다.

공교육과 사교육 현장을 두루 경험한 교사로서, 사교육 역시 아이의 학습 성향에 맞추어 현명하게 활용한다면 분명 도움이 될 수 있다고 생각합니다. 다만 국어 실력의 기초 체력은 반드시 국어교과서에서 길러야 합니다. 교과서를 제대로 읽는 방법을 알고 활용할 때라야, 아이는 평생의 자산이 될 탄탄한 국어 기반을 갖출 수 있습니다. 사교육으로도 보완이 가능하긴 하지만, 든든한 뿌리 역할은 반드시 교과서가 해야 한다는 점을 잊지 않으셨으면 합니다.

국어 교과서 ROAD 맵의 목표는 아이가 국어를 자유롭게 활용하면서 생각을 확장하고, 스스로 궁금해서 찾아 읽으며, 자기 생각을 말하고 글로 표현할 수 있는 사람으로 자라나도록 돕는 것입니다. 교과서는 그 문을 여는 가장 든든한 열쇠입니다. 교과서 읽기를 통해 즐거움을 알게 된 아이는 다른 책으로의 연계도 수월해집니다. 질문하는 습관이 자리 잡으면 세상을 향한 호기심이 커지고, 생각을 펼칠 줄 알게 되면 다른 사람과 더 깊이 소통하는 힘을 얻게 됩니다.

아이의 성장 속도를 존중하며 옆에서 함께 걷는 일이야말로 부모인 우리가 해줄 수 있는 가장 아름다운 동행이라 믿습니다. 오늘 저녁, 아이와 함께 국어교과서를 펼쳐보세요. 단 한 쪽이라도 같이 읽어보는 오늘이 아이 인생의 긍정적인 변화로 이어지는 첫걸음이 될 수 있습니다. 부모와 아이가 함께 읽고 웃으며 성장하는 따뜻한 시간이 여러분의 가정에 가득하길 바랍니다.

마지막으로, 이 책이 세상에 나오기까지 한결같은 믿음과 응원으로 함께해 준 사랑하는 가족과 소중한 지인들께 깊이 감사드립니다. 국어 교사의 길을 걸어오는 동안 늘 제게 힘과 동기가 되어주었던 제자들에게도 진심 어린 마음을 전합니다. 특히 바쁜 일정 속에서도 기꺼이 시간을 내어 추천사를 보내준 하나고등학교 제자들, 규리·경수·수민·예지·윤수·진섭·지현·준영·윤주·윤서에게 깊은 사랑과 감사를 보냅니다. 이제는 의사, 한의사, 수의사, 박사과정, 연구원 등 각자의 자리에서 훌륭히 성장해 사회에 기여하는 모습이 무척 든든합니다. 13년째 이어져 온 소중한 인연이 제 삶의 큰 선물이자 교사로서의 존재 이유임을 다시금 느낍니다. 또한 제 글이 한 권의 책으로 엮여 독자들과 만날 수 있도록 정성과 열정을 다해주신 다산북스 출판사의 관계자 여러분께도 마음 깊이 감사드립니다.

이 책이 여러분의 가정에서 작지만 의미 있는 길잡이가 되어, 아이와 함께하는 시간이 더 깊고 단단해지기를 바랍니다.

2025년 11월
이 예 린

**국어보다
중요한 공부는
없습니다**

초판 1쇄 발행 2025년 11월 13일
초판 2쇄 발행 2025년 11월 26일

지은이 이예린
펴낸이 김선식

부사장 김은영
책임기획 남슬기 **책임마케터** 오서영
콘텐츠사업7팀 마가림, 권예경, 이한결, 남슬기
마케팅2팀 오서영 **홍보2팀** 정세림, 고나연
브랜드사업본부 정명찬
브랜드홍보팀 오수미, 서가을, 박장미, 박주현 **영상홍보팀** 이수인, 염아라, 이지연, 노경은
저작권팀 성민경, 이슬, 윤제희 **편집관리팀** 조세현, 김호주, 백설희
재무관리팀 하미선, 임혜정, 이슬기, 김주영, 오지수
인사총무팀 강미숙, 김혜진, 이정환, 황종원
제작관리팀 이소현, 김소영, 김진경, 유미애, 이지우, 황인우
물류관리팀 김형기, 김선진, 주정훈, 양문현, 채원석, 박재연, 이준희, 문명식
외부스태프 디자인 LUCKY BEAR

펴낸곳 다산북스 **출판등록** 2005년 12월 23일 제313-2005-00277호
주소 경기도 파주시 회동길 490 다산북스 파주사옥
전화 02-704-1724 **팩스** 02-703-2219 **이메일** dasanbooks@dasanbooks.com
홈페이지 www.dasan.group **블로그** blog.naver.com/dasan_books
용지 신승INC **인쇄 및 제본** 한영문화사 **코팅 및 후가공** 제이오엘앤피

ISBN 979-11-306-7275-5 (03370)

· 책값은 뒤표지에 있습니다.
· 파본은 구입하신 서점에서 교환해드립니다.
· 이 책은 저작권에 의하여 보호를 받는 저작물이므로 무단 전재와 복제를 금합니다.

> 다산북스(DASANBOOKS)는 책에 관한 독자 여러분의 아이디어와 원고를 기쁜 마음으로 기다리고 있습니다. 출간을 원하는 분은 다산북스 홈페이지 '원고 투고' 항목에 출간 기획서와 원고 샘플 등을 보내주세요. 머뭇거리지 말고 문을 두드리세요.